地市级供电企业
配电网数字化转型
创新与实践

国网宁夏电力有限公司宁东供电公司　组编

中国电力出版社
CHINA ELECTRIC POWER PRESS

内容提要

本书全面探讨了配电网数字化转型的各个方面，旨在推动电力行业向智能化、高效化迈进。内容涵盖数字化转型的背景、意义、挑战与机遇，以及国内外现状，明确了配电网数字化的核心目标。通过分析当前配电网的基本结构、运行现状、面临问题及用户需求，揭示了数字化转型的迫切性与必要性。

书中详细规划了数字化转型的战略蓝图，包括战略意义、制定流程、愿景、关键要素、实施路径及风险评估，为配电网的数字化转型提供了系统性指导。关键技术与应用章节深入探讨了无人机、数字孪生、物联感知、数据挖掘及区块链等前沿技术在配电网中的创新应用，展现了技术赋能配电网的广阔前景。

本书可供从事配电网管理、运行、维护等工作的技术人员参考，也可供相关专业人员阅读。

图书在版编目（CIP）数据

地市级供电企业配电网数字化转型创新与实践 / 国网宁夏电力有限公司宁东供电公司组编 . -- 北京：中国电力出版社，2024. 12. -- ISBN 978-7-5198-9283-8

Ⅰ . F426.61

中国国家版本馆 CIP 数据核字第 2024541ZU8 号

出版发行：中国电力出版社
地　　址：北京市东城区北京站西街 19 号（邮政编码 100005）
网　　址：http://www.cepp.sgcc.com.cn
责任编辑：陈　丽（010-63412348）
责任校对：黄　蓓　朱丽芳
装帧设计：郝晓燕
责任印制：石　雷

印　　刷：中国电力出版社有限公司
版　　次：2024 年 12 月第一版
印　　次：2024 年 12 月北京第一次印刷
开　　本：710 毫米 ×1000 毫米　16 开本
印　　张：12
字　　数：200 千字
定　　价：60.00 元

编委会

前　言

在数字化时代的大潮中，配电网作为连接能源生产与消费的关键桥梁，其数字化转型不仅是技术革新的必然产物，更是推动能源结构优化、提升供电可靠性与效率、实现绿色低碳发展的关键途径。

本书全面探讨了配电网数字化转型的各个方面，旨在推动电力行业向智能化、高效化迈进。内容涵盖数字化转型的背景、意义、挑战与机遇，以及国内外现状，明确了配电网数字化的核心目标。通过分析当前配电网的基本结构、运行现状、面临问题及用户需求，揭示了数字化转型的迫切性与必要性。

书中详细规划了数字化转型的战略蓝图，包括战略意义、制定流程、愿景、关键要素、实施路径及风险评估，为配电网的数字化转型提供了系统性指导。关键技术与应用章节深入探讨了无人机、数字孪生、物联感知、数据挖掘及区块链等前沿技术在配电网中的创新应用，展现了技术赋能配电网的广阔前景。

配电网数字化管理系统的构建是本书的另一重点，详细阐述了系统的架构设计、功能模块、数据集成与共享及运维管理策略，为配电网的智能化管理提供了坚实支撑。同时，数字化监测与诊断章节介绍了监测技术、实时状态监测、数据分析诊断及预警系统，为配电网的安全稳定运行保驾护航。

在运维与优化方面，本书倡导数字化运维理念，通过数字化流程管理、大数据决策优化、智能工具应用及人员培训等措施，显著提升运维效率与质量。通过城市智能配电网、农村电网改造、工业园区升级等多个案例分析，展示了数字化转型在不同场景下的成功实践。

最后，本书还关注了数字化安全与应急响应，构建了全面的安全管理体系，涵盖网络安全、物理安全、应急响应机制及安全事故处理等内容，确保配电网数字化转型的稳健推进。

在此，特别感谢所有为本书撰写提供宝贵资料、意见和建议的专家学者及业界同仁，是你们的支持与帮助，让本书得以顺利完成。由于时间和水平所限，书中疏漏在所难免，恳请读者批评指正。

作者

2024 年 10 月

目 录

第一章

绪论

第一节　数字化转型的背景

一、信息技术的迅猛发展

自 20 世纪 90 年代以来，信息技术迅速发展，其影响之深远，几乎渗透到社会的每一个角落。互联网的普及是这场技术革命的又一里程碑。从最初的 ARPANET 到如今的全球互联网，信息传输的效率和范围得到了前所未有的扩展。互联网不仅改变了人们获取信息的方式，也催生了电子商务、社交媒体等全新的经济形态。

移动通信技术的更新换代，将人类社会推向了"永远在线"的时代。从 1G 的语音通信，到 2G 的文本通信，再到 3G、4G 的移动互联网，直至 5G 的超高速、低延迟通信，移动通信技术的每一次迭代都极大地提升了人们的网络体验。如今，智能手机已经成为人们生活、工作、娱乐的重要工具，帮助人们可以随时随地接入网络，享受信息社会的便利。

二、互联网的普及与影响

随着 21 世纪信息时代的到来，互联网技术以其无与伦比的速度和广度，深深地渗透到社会的各个角落，极大地改变了人类的生活方式。互联网的普及，使得信息的获取和传播变得前所未有的便捷，人们可以在瞬间获取全球各地的新闻、知识，也可以通过社交媒体与世界各地的人进行实时交流，分享观点和经验。

在商业领域，互联网的影响力更是深远。企业借助互联网，可以跨越地理限制，将产品和服务推向全球市场。电子商务的兴起，使得消费者可以在家中轻松购物，而企业则可以通过在线平台实现24小时不间断的销售。预计到2025年全球电子商务零售交易额将超过6.3万亿美元。企业还利用大数据、云计算等技术，对消费者的购买行为、偏好等进行深度分析，以实现更精准的市场营销和更高效的运营管理。

互联网的普及也催生了新的商业模式和就业形态，比如共享经济、在线教育、远程办公等新兴业态，正在逐步改变传统的生产和消费模式。根据麦肯锡全球研究院的报告，预计到2030年，全球将有近5亿个工作岗位在某种程度上依赖于互联网。

三、数字化转型的必然性

（1）提升竞争力。在数字化时代，企业的竞争力不仅取决于产品和服务的质量，还取决于企业能否快速响应市场变化、满足客户需求。数字化转型可以帮助企业实现业务流程的自动化、智能化，提高生产效率和服务质量，降低运营成本。数字化转型还可以帮助企业更好地利用数据资源，发现市场机会和潜在风险，制定更为精准的营销策略。因此，数字化转型已经成为企业提升竞争力的必然选择。

（2）实现可持续发展。随着全球资源环境问题的日益严重，可持续发展已经成为全球共识。数字化转型可以帮助企业实现绿色生产、节能减排等目标，降低对环境的负面影响。数字化转型还可以帮助企业拓展新的业务领域和市场空间，实现多元化发展。因此，数字化转型也是企业实现可持续发展的重要途径。

四、工业互联网的推动

作为全球数字化转型的前沿阵地，工业互联网正在以前所未有的速度重塑工业体系的面貌。这一概念的核心在于，通过将各种智能设备，如传感器、控制器、机器人等，与互联网无缝对接，构建起一个万物互联的智能网络。在这个网络中，设备之间可以实时交换数据，实现信息的高效流动和深度整合，从而打破信息孤岛，提升整体运营效率。

工业互联网的实施，对于企业生产效率的提升具有革命性的影响。它能够实现生产流程的自动化和智能化，通过大数据分析和人工智能算法，对生产过程进行精细化管理，预测和解决可能出现的问题，从而显著提高生产效率，降低废品率，提升产品质量。例如，通用电气公司通过工业互联网技术，将其风力发电机的维护成本降低了 20%，同时提高了 10% 的发电量。

工业互联网还能帮助企业实现供应链的透明化和协同化。通过实时共享库存、物流、需求等信息，企业可以更准确地预测需求，减少过度生产，降低库存成本，同时提高响应市场的灵活性。据麦肯锡全球研究院的报告，全球供应链通过数字化和网络化，有可能在 2030 年前节省约 3.9 万亿美元的成本，同时创造近 2.8 万亿美元的新价值。

五、大数据技术的支持

大数据技术正在逐步塑造数字化转型的崭新面貌。在信息化社会中，企业每天都在生成和接触大量的结构化和非结构化数据，如交易记录、社交媒体反馈、用户行为日志等。这些数据中蕴含着无尽的商业智慧和洞察，如果没有有效的工具，它们往往会被忽视或浪费。

大数据技术通过高效的数据采集系统，将分散在各个角落的数据汇聚一堂，然后利用先进的存储技术，如分布式文件系统，确保数据的安全和可访问性。再通过大数据分析工具，如机器学习算法和人工智能模型，对数据进行深度挖掘和智能分析，揭示隐藏在数据背后的模式和趋势。以市场营销为例，企业可以利用大数据技术分析消费者的购买历史、浏览行为、社交媒体互动等信息，从而描绘出详细的用户画像，理解消费者的喜好、需求和预期。这使得企业能够制定出更为精准的营销策略，如个性化推荐、定向广告，甚至预测未来的市场趋势，提前布局产品开发。

大数据技术在风险管理领域的应用也不容忽视。通过对历史数据的分析，企业可以识别出可能导致业务风险的潜在信号，实现早期预警。例如，银行可以利用大数据预测客户的信贷违约风险，零售商可以预测库存积压的风险，从而提前采取措施，降低损失。

六、云计算技术的应用

云计算技术将企业和无尽的数字可能性紧密连接起来，极大地推动了全球经济的创新与发展。

云计算的核心在于其弹性可扩展的特性。它打破了传统 IT 基础设施的束缚，企业无需预先投入大量资金购买和维护硬件设备，而是可以根据业务需求实时调整计算资源，实现快速部署和灵活扩展。这种"按需使用"的模式，显著降低了企业的 IT 成本和维护成本，使得企业能够将更多的资源投入核心业务的创新和优化中。

云计算技术的高可靠性和可用性也是其备受青睐的原因。通过分布式计算和冗余备份，云计算能够确保在任何情况下都能提供稳定的服务，极大地提高了业务连续性和数据安全性。例如，亚马逊的 AWS 云服务在 2020 年达到了99.99% 的可用性，这在传统 IT 系统中是难以实现的。

七、人工智能的引领

人工智能技术正在以前所未有的速度引领全球的数字化转型。这一技术的核心在于其模仿人类智能的能力，通过复杂的算法和大数据分析，使机器能够模拟人类的思考、判断和行动，从而实现自动化和智能化。从自动驾驶汽车到智能语音助手，从医疗诊断系统到金融风险评估，人工智能的应用已经渗透到社会的各个角落。

在企业运营中，人工智能技术的应用为企业带来了显著的效益提升。例如，通过机器学习，企业可以自动分析生产流程，找出效率低下的环节，从而优化生产，提高效率。在客户服务领域，智能机器人可以 24 小时不间断地解答客户问题，提供个性化服务，显著提升客户满意度。据统计，根据麦肯锡全球研究院的报告，到 2030 年，人工智能可能会影响全球经济的 60%，并提高劳动生产率 1.2%~1.4%。

人工智能的智能分析和预测功能为企业决策提供了强大的工具。通过深度学习和大数据分析，企业可以预测市场趋势，优化产品设计，甚至提前识别潜在的商业风险，从而做出更精准、更及时的决策。比如，亚马逊就利用 AI 技术预测消费者的购买行为，实现个性化推荐，大幅提高了销售额。

第二节 配电网数字化的意义

一、配电网数字化的定义与内涵

作为电力行业的一次重大革新，配电网数字化旨在通过深度融合信息技术与传统电力系统，构建一个更为智能、灵活且可靠的电力网络。这一进程不仅涉及对配电网的实时监测、智能调度和故障预测，还包括对数据的深度挖掘、系统的自我学习能力以及对环境变化的快速响应，以实现电力供应的高效、安全和可持续。

实时监测是配电网数字化的基石，通过在电网的关键节点安装各种传感器和监测设备，可以实时收集电压、电流、功率等关键参数，如同安装了无数只"电子眼"在观察电网的运行状况。这些数据的实时获取，使得运维人员能够及时发现并处理潜在问题，确保配电网的稳定运行，防止小故障演变成大灾难。

智能调度是配电网数字化的核心，大数据分析和人工智能技术的引入，使得电网的负荷管理进入了一个全新的阶段。通过对历史数据的学习和对实时数据的分析，系统能够准确预测未来的负荷变化趋势，进而实现电能的优化分配和高效利用。例如，当预测到某一区域即将出现负荷高峰时，系统可以提前调整发电机的输出，或者启动储能设备，以平衡电网的供需，避免因过载导致的停电事故。

故障预测是配电网数字化的前瞻性应用，通过对海量数据的深度分析，系统能够发现故障的早期迹象，如同医生诊断疾病一样，提前预警可能的问题。一旦预测到潜在的故障，系统可以立即启动预防性维护程序，如调整设备的工作状态，或者通知运维人员进行现场检查，以最大限度地减少故障对配电网的影响，提高电力服务的可靠性。

二、配电网数字化的重要性

（1）提升配电网的自动化水平。通过实时监测，数字化配电网可以实时获取到电网的运行状态，包括电压、电流、功率等关键参数，以及设备的运行状况等信息。这些数据经过分析处理，可以为调度决策提供准确、全面的依据，从而实现对电网的精细化管理。例如，当检测到某处负荷过高时，系统可以自动调整附近变电站的输出，平衡负荷分布，避免过载导致的停电事故。智能调度系统可以根据电网的实时状态和预测模型，自动优化运行策略，提高电能的输送和使用效率。它还能与分布式能源、储能设备等进行无缝对接，实现清洁能源的高效利用，促进电网的绿色可持续发展。数字化配电网的快速响应能力在应对突发事件时表现突出。例如，当遭遇风暴、地震等自然灾害导致的电网故障时，系统可以迅速定位问题，自动隔离故障区域，同时启动备用线路或分布式电源，最大限度地减少停电影响，保障社会生产和人民生活的正常进行。

（2）增强配电网的安全性和可靠性。配电网数字化转型的核心在于利用先进的信息技术，如大数据、云计算、物联网和人工智能等，对配电网进行实时监测和智能管理，以实现更高效、更安全、更可靠的电力供应。配电网数字化的优势在于其强大的预测和应对能力。通过实时收集和分析来自各个节点的大量数据，系统可以精确地识别出配电网中的异常情况，如设备老化、负荷过载、电压异常等，从而提前预警，降低故障发生的可能性，防患于未然。当故障真的发生时，配电网数字化系统也能迅速响应，快速定位故障源，通过智能算法评估故障影响范围，然后自动或半自动地隔离故障区域，防止故障扩散。系统会启动应急预案，指导维修人员进行快速修复，大幅缩短了故障处理时间，减少对用户供电的影响。

（3）优化资源配置、降低运营成本。智能调度系统实时监控电网的运行状态，根据需求预测和实时数据进行动态调整，确保电力供应的稳定和安全。其中负荷预测功能通过分析历史数据，结合天气、季节、经济活动等多种因素，准确预测未来的电力需求，为电网的规划和运营提供科学依据。这种精细化的管理方式，使得电力资源的利用更加高效，避免了过度投资和设备闲置，从而有效控制了运营成本。

配电网数字化还带来了设备管理的革新。通过大数据分析和云计算技术，可以实现设备的远程监控和预测性维护，及时发现并解决潜在的故障，延长设备的使用寿命，进一步降低维护成本。数字化技术还可以实现故障的快速定位和恢复，减少停电时间，提高供电的可靠性和客户满意度。

（4）提高能源利用效率。配电网数字化能够提高能源利用效率，实现节能减排。传统的电力系统往往缺乏对电力消耗的实时监控，导致能源浪费现象严重。而数字化的配电网能够实时收集和分析电网中的数据，精确预测和调整电力供需，有效避免了过度发电或电力损失。据国际能源署报告，通过提高能源效率，全球每年可以节省 10 倍中国电力消耗的电量。

配电网数字化为可再生能源的接入和消纳提供了可能。随着全球对清洁能源需求的增长，如何将太阳能、风能等可再生能源并入电网成为亟待解决的问题。数字化配电网能够灵活应对可再生能源的波动性，通过智能调度实现清洁能源的高效利用，从而推动能源结构的绿色转型。例如，丹麦已经成功利用数字化技术，使其风能发电量占比达到 47%，成为全球能源转型的典范。

配电网数字化还有助于提高电力供应的稳定性和安全性。通过大数据分析和人工智能算法，可以提前预测和预防可能的故障，减少停电事件，保障电力系统的稳定运行。通过区块链等技术，可以实现电力交易的透明化和去中心化，提高电力市场的公平性和效率。

三、配电网数字化对智能电网建设和能源互联网发展的推动作用

（1）推动智能电网建设。配电网数字化转型不仅提升了电力系统的运行效率，更在保障能源安全、促进可再生能源并网以及优化电力服务等方面发挥了关键作用。

配电网数字化实质上是利用先进的信息通信技术，对传统配电网进行深度改造，实现数据的实时采集、分析和应用。例如，通过安装智能电表和传感器，可以实时监测电网的运行状态，包括电压、电流、功率等关键参数，从而及时发现并预防潜在的故障，显著提高了电网的稳定性。借助大数据和人工智能算法，可以实现对电网的智能调度，优化电力分配，降低损耗，提高能效。

配电网数字化还能够实现与输电系统、发电系统等电力系统其他环节的深度融合。例如，通过实时数据共享，可以协调不同电源的出力，优化电网的负荷平衡，更好地接纳风能、太阳能等可再生能源，推动清洁能源的广泛使用。据国际能源署报告，到 2030 年，全球通过数字化技术实现的电力系统效率提升，将减少近 10% 的电力需求。

（2）促进能源互联网发展。能源互联网这一概念预示着未来能源系统的发展趋势，它将打破传统能源的局限，构建起一个开放、智能、高效的全球能源网络。在这个网络中，各种可再生能源和传统能源能够无缝融合，实现能源的优化配置和高效利用。而这一切的基石，就是配电网的数字化进程。

配电网数字化通过引入先进的信息技术和智能设备，对电网进行深度改造，实现电网运行状态的实时感知、精确控制和数据的深度挖掘。这一过程不仅可以提升电网的运行效率，减少能源损耗，还能实现对分布式能源、储能设备、电动汽车等新型能源的灵活接入和管理，从而推动能源结构的多元化和清洁化。

配电网数字化的实施，还将促进能源互联网与其他领域的深度融合。在智能交通领域，通过与电动汽车充电网络的联动，可以实现交通负荷的优化调度，减少对电网的影响。在智慧城市领域，数字化电网可以与建筑能源管理系统、智能家居等进行集成，实现城市的能源精细化管理，提升城市的能源效率和环境质量。

四、构建新型电力系统对配电网数字化转型之间存在的关系

1. 新型电力系统对配电网数字化转型的推动作用

（1）政策引导与需求驱动。根据国家能源局发布的数据，到 2030 年，我国新能源装机规模将达到 12 亿 kW 以上，绿电渗透率也将大幅提升。这一趋势推动了新型电力系统的建设，同时也对配电网的数字化转型提出了更高要求。

国家发展改革委、国家能源局发布的《关于新形势下配电网高质量发展的指导意见》明确提出，到 2025 年，配电网结构更加完善，智能化水平显著提升，城乡配电网供电能力和供电可靠性显著提高。这为实现配电网数字化转型提供了明确的目标和政策支持。

（2）技术支撑与创新引领。以 AI 虚拟调度员为例，据国家电网有限公司统计，AI 虚拟调度员可以自主完成 90% 以上的调度作业，使调度效率提升了 3倍以上。这一技术的应用显著提升了电力系统的智能化水平和运行效率。

根据国网福建省电力有限公司的数据，通过推进配电自动化建设，该公司已实现了对超过 10 万条配电线路的智能监控和快速响应，有效提升了电力系统的灵活性和可靠性。

2. 配电网数字化转型对新型电力系统的支撑作用

（1）提升电力系统灵活性。配电网数字化转型通过引入智能设备和技术，实现了对分布式电源、储能设施等资源的灵活接入和高效利用。据国网公司统计，通过数字化技术的应用，已实现对超过 50% 的分布式电源进行智能管理和优化调度。

以国网厦门供电公司为例，该公司通过新型电力负荷管理系统精准管控多种用电侧负荷，每年可节约电量超过1亿kWh，有效减轻了高峰期电网负担。

（2）优化能源配置与利用。根据国网大数据中心的数据，通过数据中台的建设和运营，已实现对超过1000亿条电力数据的实时处理和分析，为新型电力系统的建设和配电网的数字化转型提供了有力的数据支撑。

以国网石狮市供电公司为例，该公司通过配网自动化改造，实现了对超过90%的配电线路进行远程监控和智能调度，每年可减少停电时间超过1000h，提高了供电可靠性和用户满意度。国网石狮市供电公司通过配网自动化改造，已实现了对超过200条配电线路的远程监控和智能调度。改造后，该地区的供电可靠性提升了30%以上，用户停电时间减少了50%以上。同时，该公司还通过"纸上作业"推演做精停电户时数"先算后干"，进一步提升了供电服务的精细化水平。

第三节　数字化转型的挑战与机遇

一、数字化转型的挑战

1．技术层面的挑战

数字化转型带来诸多挑战，其中首要的便是技术安全与稳定性的问题。在数字化进程中，企业需要处理和存储大量的敏感数据，包括客户信息、财务数据、业务流程等，这些数据的安全性、完整性和可用性直接关系到企业的生存和发展。一旦数据遭到泄露、篡改或丢失，企业可能会面临法律纠纷、信誉受损甚至业务瘫痪的风险。因此，建立完善的数据安全防护体系，包括加密技术、防火墙、备份恢复等，是企业在数字化转型中必须重视的任务。随着科技的快速发展，新的技术不断涌现，如何保证系统的稳定性和可靠性也是一项重大挑战。系统频繁更新和升级可能导致系统的不稳定，影响到企业的正常运营。企业需要建立灵活且稳定的IT基础设施，以应对快速变化的技术环境。还需要进行充分的测试和演练，确保在技术更新过程中系统的连续性和稳定性。

数据处理与分析能力是数字化转型的另一大难题。在大数据时代，企业需要从海量数据中提取有价值的信息，以支持更科学、更精准的决策。许多企业在数据处理和分析方面的能力不足，缺乏专业的数据科学家和技术团队，也缺乏先进的数据分析工具。这导致企业无法充分挖掘数据的潜力，可能错失市场趋势，延误决策时机，影响业务增长。因此，投资于数据人才的培养，引进先进的数据分析技术，构建数据驱动的决策机制，是企业在数字化转型中必须跨越的障碍。

2. 管理和组织层面的挑战

在当前的商业环境中，组织结构变革已成为企业适应数字化时代的关键任务。随着科技的飞速发展，企业必须打破传统的组织结构和业务流程，构建起一个更加灵活、高效、协同的工作框架，以应对市场的瞬息万变。这一转型过程并非一帆风顺，企业需要面对并克服一系列内在的挑战和难题。

许多企业的业务流程可能因历史原因繁琐复杂、效率低下，这无疑会阻碍数字化转型的进程。企业需要投入大量的人力和物力，对现有的业务流程进行全面的梳理和重构，消除冗余环节，引入自动化和智能化技术，以提高流程效率和响应速度。在这个过程中，数据分析和流程再造的专家将发挥至关重要的作用，他们可以帮助企业识别问题，提出改进建议，并监控优化效果。

在数字化环境中，业务的边界变得越来越模糊，需要各部门紧密合作，共同应对市场变化。因此，企业需要建立跨部门的协作平台，明确各部门在转型中的角色和责任，加强沟通和协调，促进信息的共享和知识的流动。企业还可以通过跨部门的项目团队，推动跨部门的协作，以实现转型目标。

3. 人才培养与引进的挑战

在全球化和科技革新的浪潮中，企业的数字化转型已成为不可逆转的趋势。这一转型不仅改变了业务模式，优化了运营流程，更对人才的需求提出了全新的挑战。尤其值得注意的是，具备数字化技能的人才已成为企业竞相追逐的宝贵资源，人才短缺的问题日益凸显，成为制约企业数字化转型进程的重要因素。

根据麦肯锡全球研究院的报告，到2025年，全球将有近8500万个工作岗位需要进行数字化转型，而目前具备相关技能的人才缺口高达1000万。这表明，无论是发达国家还是发展中国家，都面临着数字化人才严重不足的问题。在这样的背景下，企业发现，他们在推进数字化转型的过程中，往往因为缺乏具备数字化技能的专业人才而步履维艰，无法充分释放转型的潜力和价值。

企业需要投入大量的人力和物力，包括设立专门的培训项目，引进先进的教学设备，以及提供实践机会等，以期培养出具备数字化技能的人才。数字化转型的步伐并未因此而放缓，反而在大数据、人工智能等新技术的推动下，转型的速度和深度都在不断加剧。这使得企业在短时间内难以培养出与转型需求相匹配的、足够数量和质量的人才，形成了一种"人才短缺—转型需求—人才培养滞后"的循环。

二、数字化转型的机遇

（1）精准把握市场需求和客户需求。数字化转型正在深刻地重塑企业的运营模式和竞争优势。借助大数据分析、人工智能、云计算等先进技术，企业能够从海量的客户行为数据中提炼出有价值的信息，从而实现营销策略的精细化和个性化服务的定制化。

数字化转型也赋予企业更强的预见性。通过对历史数据的深度挖掘和模型预测，企业可以预测未来的市场趋势和消费者偏好，从而提前布局，降低经营风险。数字化转型并非一蹴而就，它需要企业投入大量资源进行技术升级、人才培养和流程优化。数据安全和隐私保护也是企业在数字化转型过程中必须面对的重要课题。因此，企业在数字化转型时也需要建立健全的风险管理体系，确保转型的平稳和有效。

（2）提供个性化、智能化的产品和服务。数字化转型不仅是技术的更新换代，更是一种全新的商业思维，旨在通过深度利用数字化技术，实现企业内部流程、产品服务、商业模式的全面创新。在这个过程中，数据分析和人工智能技术扮演了至关重要的角色。企业可以通过收集和分析大量的客户数据，洞察客户的消费习惯、兴趣偏好甚至未来需求。这种深度的个性化服务不仅提高了客户的满意度和忠诚度，也为企业的市场拓展和业务创新提供了可能。企业可以根据数据分析结果，开发更符合市场需求的新产品，或者优化现有服务，以满足客户的多元化、个性化需求。

（3）优化供应链管理、提高生产效率。数字化转型不仅是一种技术升级，更是一种商业模式的创新，旨在通过充分利用数字技术的力量，提升企业的运营效率和市场竞争力。在供应链管理方面，数字化转型为企业带来了前所未有的机遇。通过集成的数字平台，企业能够实时获取并分析供应链上的各种数据，如库存状态、物流进度、市场需求变化等，从而实现对供应链的精细化、动态化管理，有效降低库存成本和运输成本，提高供应链的灵活性和响应速度。在生产效率方面，数字化转型推动了生产过程的自动化和智能化。例如，通过引入人工智能、物联网和大数据分析等技术，企业可以实现生产流程的自动化控制，减少人工干预，降低生产错误和浪费，提高生产效率和产品质量。数字化转型还可以帮助企业实现预测性维护，通过实时监控设备运行状态和分析数据，预测并预防可能的故障，进一步降低维护成本和生产中断的风险。

第四节　国内外数字化转型现状

一、国际数字化转型现状

1. 企业层面

在全球化的商业环境中，众多知名企业已经成功地利用数字化转型，将他们的业务推向了新的高度。这一趋势不仅改变了企业的运营模式，也正在重塑全球的经济格局。这些企业借助大数据、云计算、人工智能等前沿技术，实现了生产流程的精细化管理，提升了运营效率，同时也降低了运营成本，从而在激烈的市场竞争中保持了领先地位。

以亚马逊为例，该企业通过其云计算服务 AWS（Amazon web services），为全球超过一百万的企业和开发者提供了强大的计算和数据处理能力。AWS 不仅帮助企业快速扩展业务，还为企业提供了安全的数据存储和分析工具，极大地推动了企业的创新和发展。而谷歌则以其在人工智能领域的深厚积累，开发出了一系列改变人们生活的智能产品。从智能音箱 Google Home，到智能眼镜 Google Glass，谷歌将 AI 技术与日常生活紧密结合，为用户带来了前所未有的便利体验。

这些案例表明，数字化转型已经不再是一个概念，而是企业实现持续发展和创新的关键路径。通过将先进的技术与业务模式深度融合，企业能够更好地理解和满足市场需求，创造出更大的商业价值。这也对全球的就业结构、社会生活方式，甚至全球治理模式产生了深远影响。因此，对所有企业来说，如何有效地进行数字化转型，将是未来面临的重要挑战和机遇。

2.政府层面

在资金支持方面,各国政府纷纷设立专项资金,为企业的数字化转型提供资金支持。这些资金可以用于购买先进的数字化设备、研发创新技术、培训员工等方面,从而帮助企业顺利实现数字化转型。政府还通过税收优惠等方式,降低企业数字化转型的成本,激发企业的积极性和创造力。

在监管和指导方面,政府也加强了对数字化转型的关注和引导。政府不仅制定了相关的法规和政策,规范了数字化转型的发展方向和标准,还加大了对数字化转型的监管力度,确保其健康有序发展。政府还积极与企业合作,共同探索数字化转型的最佳实践,分享成功案例和经验,为企业数字化转型提供了宝贵的参考和借鉴。

以欧盟为例,为了推动欧洲数字经济的发展,欧盟提出了"数字单一市场"战略。该战略旨在打破数字壁垒,促进欧盟内部数字服务的自由流通和市场竞争。通过这一战略,欧盟不仅加强了对数字化转型的监管和指导,还为企业提供了更加广阔的市场和商机。

而在美国,政府则通过《云优先政策》等政策措施,积极推动政府机构和企业向云计算转型。这一政策不仅鼓励企业采用云计算技术来提高业务效率和创新能力,还促进了云计算产业的快速发展和壮大。

数字化转型还涉及许多专业领域和关键技术,如大数据、人工智能、物联网等。这些技术的应用和发展,将进一步推动数字化转型的进程,并为企业带来更多的机遇和挑战。因此,政府还需要加强对这些领域的关注和投入,促进技术创新和产业升级。

二、中国数字化转型现状

1.企业层面

在中国,数字化转型已经成为企业发展的新引擎,被广泛地接纳和应用。随着科技的飞速进步,企业界对数字化转型的认识也在不断深化。他们认识到,这不仅是一种技术升级,更是一种商业模式的创新,是提升竞争力、适应市场变化的关键路径。因此,众多企业纷纷将数字化转型纳入战略规划,投入大量人力物力,以期在数字化浪潮中抢占先机。

在这一过程中,大数据、云计算、物联网等前沿技术发挥了至关重要的作用。企业通过运用这些技术,可以对传统业务流程进行深度改造,实现生产、管理和服务的智能化。例如，通过大数据分析，企业可以更精准地了解市场需求，优化产品设计，提高生产效率。通过云计算，企业可以实现资源的灵活配置，降低运营成本，提高服务响应速度。

一些具有前瞻视野的创新型企业更是借助数字化转型，开创了全新的商业模式，实现了跳跃式发展。以阿里巴巴为例，它通过数字化转型，构建了一个涵盖电子商务、金融服务、物流配送等多元业务的生态系统，极大地拓宽了业务边界，提升了用户体验，从而在全球电商领域占据了领先地位。再如华为，凭借在云计算和人工智能领域的技术积累，为全球客户提供了一流的通信和信息技术解决方案，推动了行业的创新和发展。

2. 政府层面

中国政府始终对数字化转型的发展给予了极高的关注，并将其视为推动经济社会发展的关键引擎。为了全面加快数字化转型的步伐，政府积极制定并出台了一系列具有深远影响的政策措施，这些政策不仅为数字化转型提供了坚实的制度保障，还极大地促进了数字经济的快速发展。

《关于积极推进"互联网+"行动的指导意见》是中国政府在数字化转型领域的重要战略文件。该文件明确提出了一系列目标和任务，旨在通过深度融合互联网技术与传统产业，推动形成经济社会发展新形态。这不仅为中国企业在数字化转型方面指明了方向，还为其提供了广阔的市场空间和丰富的创新资源。

《关于促进大数据发展的行动纲要》也是政府推动数字化转型的又一重要举措。该纲要强调了大数据在推动经济发展、改善社会治理、提升公共服务水平等方面的重要作用，并提出了一系列具体的政策措施，以加快大数据产业的发展和应用。这些政策的实施，不仅推动了大数据技术的创新和应用，还为数字经济的快速发展注入了强大的动力。

政府还加强了对数字化转型的监管和指导，以确保其健康有序发展。在网络安全和数据保护方面，政府制定了一系列严格的法律法规和技术标准，以加强网络空间的治理和保护。这些法律法规不仅规范了企业在数字化转型过程中的行为，还为其提供了法律保障和指引。

政府还鼓励企业加强自主创新和技术研发，以提高数字化转型的技术水平。为此，政府出台了一系列优惠政策，支持企业在核心技术研发、人才培养、市场开拓等方面取得突破。这些政策的实施，不仅激发了企业的创新活力，还推动了数字化转型技术的不断进步和升级。

第五节　配电网数字化的目标

一、提高配电网的自动化水平和智能化水平

配电网数字化转型是电力行业适应新时代挑战，实现可持续发展的重要途径。这一转型过程，主要通过深度融合先进的信息技术、通信技术和控制技术，构建起一个高度集成、智能的配电网管理系统。这个系统能够实时收集和分析来自各个角落的电网数据，包括电力负荷、设备状态、电网参数等，从而实现对配电网的全面感知和精准控制。

实时监测是配电网数字化的核心功能之一。借助物联网设备和大数据分析，可以实时监控电网设备的运行状态，及时发现潜在的设备故障和电网异常，大幅提高了故障响应速度和修复效率。例如，根据美国能源信息管理局的报告，采用数字化技术的配电网故障定位时间可以缩短90%，显著降低了停电对社会经济活动的影响。智能调度是配电网数字化的另一大亮点。通过人工智能算法，系统可以预测电力需求的变化趋势，动态调整电网运行策略，确保电力供应的稳定和可靠。智能调度还能充分利用分布式能源，如太阳能、风能等可再生能源，实现清洁能源的高效利用，降低碳排放。

二、优化资源配置和降低运营成本

配电网数字化转型是当前全球电力行业发展的主要趋势之一，它旨在通过先进的信息技术，对电力数据进行实时、全面的监测和分析，以实现电力资源的高效利用和优化配置。这一转型的核心在于，利用大数据、云计算、物联网等技术，将传统的配电网升级为智能、灵活、自愈的新型电力系统。

实时监测和分析电力负荷是配电网数字化的重要应用。通过安装在电网各节点的智能传感器，可以实时收集电力负荷数据，然后通过高级算法进行处理，预测未来的电力需求趋势，从而实现电力资源的精确调度和分配。例如，当预测到某一区域即将出现电力需求高峰时，调度中心可以提前调整发电计划，甚至启动储能设备，以平衡供需，避免因过度负荷导致的电力浪费和停电事件。通过实时监测电网设备的运行状态，可以提前发现潜在的设备故障，大幅缩短

了故障预警时间，从而降低因设备故障引起的停电概率。一旦发生故障，智能系统可以立即启动应急响应，自动隔离故障区域，快速恢复非故障区的供电，显著提高了配电网的运行稳定性和可靠性。

三、提升配电网的安全性和可靠性

随着科技的飞速发展，配电网的数字化转型已成为电力行业的重要趋势。这一转型的核心在于利用先进的传感器技术、大数据分析和人工智能算法，对电力设备进行实时监测和预警，从而实现精细化管理。这不仅能够显著延长电力设备的使用寿命，降低更换设备的成本，更能在设备出现故障前进行预防性维护，避免因设备故障导致的大范围停电，确保电力系统的稳定运行。

据国际能源署报告，电力设备的预防性维护可以减少约 30% 的非计划停机时间。数字化技术能够实时收集设备的运行数据，通过算法模型预测设备的健康状况，提前发现潜在的故障隐患。例如，通过对变压器温度、电流等参数的持续监测，可以预测其过热或过载的可能性，从而在问题发生前进行调整或维修。数字化技术在故障发生后的响应速度上也具有显著优势。传统的故障定位可能需要几个小时甚至几天，而数字化系统则能在几分钟内准确识别故障点，大幅缩短故障恢复时间。配电网的数字化转型还带来了更高效的能源管理。通过实时数据分析，可以优化电网的运行策略，如动态调整负荷分配，平衡供需，提高能效。数字化技术也为整合分布式可再生能源、储能设备等新型能源资源提供了可能，有助于构建更加绿色、智能的电力系统。

四、提升配电网数字化高质量发展

1. 提高供电可靠性

（1）减少停电时间。通过配电网数字化，能够对电网设备进行实时监测。例如，安装智能电表和传感器，这些设备可以及时发现线路故障点。当发生故障时，系统可以快速定位故障位置，减少人工排查故障的时间，从而大大缩短停电时间。以往人工巡检可能需要数小时甚至数天才能确定故障位置，而数字化系统可以在几分钟到几十分钟内定位，有效提升了供电的连续性。

（2）优化电网结构。利用数字化技术收集配电网的运行数据，如负荷分布、潮流走向等。基于这些数据，可以进行精准的电网规划和改造。例如，通过分析发现某区域的负荷增长迅速，就可以提前规划新的线路或者变电站建设，合理调整电网的拓扑结构，使电网在面对各种工况时都能稳定运行，减少因电网结构不合理导致的停电事故。

2．提升供电质量

（1）电压稳定控制。配电网数字化系统能够实时监测各节点的电压情况。当监测到电压波动超出允许范围时，如在用电高峰时段电压下降或者在大型电机启动时引起的电压暂降，系统可以自动调节有载调压变压器的分接头位置，或者控制无功补偿设备投入和退出，确保用户端电压稳定在合格范围内。以工业用户为例，稳定的电压对于精密仪器设备的正常运行至关重要，数字化控制可以将电压波动控制在极小范围内，保证生产的正常进行。

（2）谐波治理。在配电网中，非线性负载如电力电子设备的大量使用会产生谐波。数字化技术可以通过安装谐波监测装置，准确测量谐波的含量和频谱特性。然后，利用有源电力滤波器等设备，根据监测数据进行谐波补偿。这样可以有效减少谐波对电网和用户设备的危害，提升电能质量，延长用户设备的使用寿命。

3．提高能源利用效率

（1）需求侧管理。通过数字化手段，电力公司可以与用户进行双向通信。例如，实施分时电价政策，利用智能电表将电价信息实时传递给用户。用户可以根据电价变化调整用电设备的使用时间，将部分可灵活调整的负荷（如洗衣机、电热水器等）转移到低谷电价时段。这样可以有效地平衡电网负荷，减少高峰时段的电力需求，提高整个配电网的能源利用效率。

（2）优化设备运行。对配电网中的设备如变压器、线路等进行实时的状态监测和能效评估。根据设备的负载率、损耗等情况，合理安排设备的运行方式。例如，对于长期处于低负载率的变压器，可以通过调整负载分配或者更换合适容量的变压器，降低变压器的损耗，从而提高能源利用效率。同时，通过数字化模拟技术，可以对配电网的运行方案进行优化，选择最优的运行策略，减少能源在传输和分配过程中的损耗。

4．增强用户体验和满意度

（1）智能客服和便捷服务。配电网数字化可以搭建智能客服平台。用户可以通过手机应用、网站等渠道，方便地查询电费账单、停电信息、报装用电等业务。智能客服机器人可以实时回答用户的常见问题，提高服务响应速度。例如，当用户遇到停电时，可以通过手机应用立即了解停电原因和预计恢复时间，减少用户的焦虑情绪。

（2）个性化能源服务。根据用户的用电习惯和需求，为用户提供个性化的能源解决方案。比如，为有分布式电源（如太阳能光伏发电）接入的用户，提供发电量预测、余电上网收益计算等服务。同时，还可以为用户提供节能建议，帮助用户降低用电成本，提高用户对配电网服务的满意度。

第二章

配电网现状分析

第一节　当前配电网基本结构

一、配电网的组成部分

配电网负责将高压电能降至用户所需的低压电能，并安全、可靠地输送到各个用户用电点。

（一）主要设施

1. 输电线路

输电线路不仅承载着电能从源头到终端的远距离、高效率传递任务，还承载着确保电力供应连续性与可靠性的重责。输电线路将发电站或大型变电站产生的强大电能，以高压形式安全、快速地输送到遍布城乡的配电变压器站点。根据实际需求，输电线路被精细划分为超高压、高压、中压等多个等级，每一等级都对应着特定的传输效率和适用范围。

在架构上，输电线路通常采用铁塔或钢杆支撑，导线则多为高强度、耐腐蚀的合金材料制成，以确保在恶劣自然环境下仍能稳定运行。架空线路凭借其建设周期短、成本低廉以及维护相对便捷的优势，在广袤的乡村与城市郊区广泛铺设。然而，随着城市化进程的加速，地下电缆因其不占用地面空间、不影响城市景观、减少外界干扰等优点，逐渐成为城市内部电力传输的首选。地下电缆的铺设不仅要求精准的工程技术，还需考虑与城市规划、地下管廊等基础设施的协调与融合。

2. 配电变压器

配电变压器将高压电能"降压"为低压电能，使之成为家庭照明、商业运营及工业生产所需的电能形式。其性能的好坏，直接关系到用户端电能的质量与供电的稳定性。现代配电变压器技术日新月异，不仅追求更高的转换效率以减少能源浪费，还注重提升过载能力、降低运行损耗以及增强智能化管理水平。智能化的配电变压器能够实时监测运行状态、预测故障趋势并实现远程操控，为构建智能电网提供了有力支撑。

3. 配电线路

作为电力传输的"最后一公里"，配电线路的设计与敷设至关重要。它们将配电变压器转换后的低压电能安全、稳定地输送到千家万户。根据用户分布特点及地形地貌条件，配电线路可灵活选择架空或地下电缆两种形式进行敷设。架空线路以其建设成本低、维护便捷的特点，在开阔地区及非密集居住区得到广泛应用；而地下电缆则以其美观、安全、不受天气影响等优势，成为城市内部及人口密集区域的优选方案。为了确保电能传输的可靠性与安全性，配电线路还需配备完善的保护措施，如避雷器以防止雷电侵害、熔断器以快速切断故障电流等，以应对各种潜在的风险与挑战。

4. 附属设施

配电网还包括一系列附属设施，如杆塔、开关、无功补偿装置、隔离开关、保护设备以及相关的监控和通信系统。配电网作为电力传输与分配的关键环节，其高效稳定运行离不开一系列精心设计与配置的附属设施。这些设施不仅为电网提供了坚实的物理支撑，还通过智能化手段实现了对电网运行的精细监控与高效管理，确保了电力供应的安全性、可靠性和经济性。

（1）杆塔。杆塔承载着输电线路与配电线路的重量，是电网稳定运行的基石。在设计过程中，需综合考虑地质条件、气候环境、荷载要求以及美学因素，确保杆塔既满足强度与稳定性的高要求，又能适应各种复杂环境。近年来，随着材料科学的进步，新型复合材料、高强度钢材等被广泛应用于杆塔制造中，使得杆塔结构更加轻量化、耐腐蚀且易于维护。同时，一些杆塔还融入了环保设计理念，如采用太阳能供电的照明系统，既降低了能耗，又提升了美观度。

（2）开关设备。开关设备是配电网中用于控制线路通断、实现电路灵活切换与故障隔离的重要装置。其中，断路器能在电网发生短路、过载等异常情况时迅速切断故障电流，防止事故扩大；隔离开关则主要用于在设备检修或线路切换时提供明显的断开点，确保人员与设备的安全。随着智能电网技术的发展，开关设备逐渐向智能化、自动化方向发展，具备远程操控、故障自诊断等功能，大大提高了电网的运行效率与安全性。

（3）无功补偿装置。无功补偿装置是改善电网功率因数、减少无功损耗的关键设备。通过向电网注入或吸收适量的无功功率，无功补偿装置能够有效提升电网的电能质量，降低线路和变压器的损耗，提高电网的经济效益。在现代配电网中，无功补偿装置通常采用动态调节方式，根据电网实际运行情况自动调节补偿量，确保电网始终保持在最佳运行状态。

（4）监控和通信系统。随着智能电网的快速发展，监控与通信系统已成为配电网不可或缺的一部分。该系统通过部署在电网各关键节点的传感器、摄像头等设备，实时采集电网运行数据，如电压、电流、功率因数等，并通过高速通信网络将数据传输至控制中心。控制中心利用先进的数据处理与分析技术，对电网运行状态进行实时监测与评估，为电网调度、运维和管理提供科学依据。同时，监控与通信系统还能实现电网故障的自动诊断、定位与隔离功能，显著提高了电网的应急响应速度与自愈能力。此外，该系统还支持远程操控功能，使运维人员能够在远离现场的情况下对电网设备进行操作与维护，降低了工作风险与成本。

（二）网络结构

配电网的网络结构多种多样，常见的有环式、辐射型和网格式等。

1. 环式网络结构

在这种结构中，多个电源点通过闭合的环路相互连接，形成闭环供电系统。当环中某一部分发生故障时，可以迅速通过自动切换装置将故障段隔离，同时利用环网中的其他路径继续供电，实现"N–1"甚至"N–2"的供电安全标准（即任一元件故障时，系统仍能保持正常供电）。这种高度的冗余设计极大地提高了供电的可靠性，但相应地，其建设和维护成本也较高，包括更复杂的设备配置、更多的自动化控制装置以及更频繁的维护检查工作。

2. 辐射型网络结构

辐射型网络结构是配电网中最基础、最简单的形式之一。它以单一电源点为中心，向四周辐射状延伸出多条配电线路，直接为用户供电。这种结构具有结构简单、投资成本低、施工容易等优点，尤其适合农村地区或用电负荷相对分散、供电需求不高的区域。然而，由于其缺乏冗余路径，一旦主供电线路发生故障，将直接影响下游用户的供电，因此供电可靠性相对较低。为了提高其可靠性，可以采取增设联络开关、建立小型环网等措施，但这样也会增加一定的投资和复杂性。

3.网格式网络结构

网格式网络结构是环式和辐射型网络结构的综合优化，旨在实现供电可靠性与经济性的最佳平衡。在这种结构中，多个电源点通过复杂的网状结构相互连接，形成多个闭合环路或半闭合环路。这种结构不仅保留了环式网络的高可靠性特点，还通过优化路径设计降低了建设和维护成本。网格式网络能够灵活应对各种突发状况，如故障隔离、负荷转移等，同时也有利于提高电网的整体运行效率和电能质量。然而，由于其结构复杂、设备众多，对运维人员的技术水平和自动化管理水平提出了更高的要求。因此，在采用网格式网络结构时，需要充分考虑地区的实际情况和发展需求，制定合理的规划方案和实施策略。

二、配电网的电压等级

1.高压配电网

高压配电网的电压等级通常设定在35kV及以上，这一电压范围是出于高效、安全和稳定的电力传输需求而设定的。这一层级的电网主要用于将发电厂或大型变电站产生的电能高效、稳定地传输到城市或地区的主要变电站，以满足广泛的电力需求。高压配电网的特点之一是传输距离远。由于其高电压的设计，它能够在较低的电流下传输大量的电能，从而减少了因电阻导致的能量损失，实现长距离、低损耗的电力传输。这使得电能可以跨越广阔的地域，从发电源输送到需求点，确保了电力的可靠供应。另一个显著特点是传输容量大。高压配电网能够承载大量的电能，满足大规模、高负荷的电力需求。在电力系统中，它承担着主干网络的角色，将电能从发电厂或大型变电站输送到各个分支网络，确保整个电力系统的稳定运行。

2.中压配电网

中压配电网在电力系统中扮演着承上启下的关键角色，其电压等级通常设定在10~35kV，这一电压范围使得中压配电网能够高效地将电能从主要变电站传输到用户附近的配电变压器，确保电力在分配过程中的稳定和安全。作为连接高压配电网和低压配电网的桥梁，中压配电网在城市和农村地区都广泛分布。它覆盖了各种电力需求和供电环境，无论是城市中心的密集商业区还是乡村的农田和住宅区，中压配电网都能够提供稳定可靠的电力供应。中压配电网的设计充分考虑了电力传输的效率和稳定性。它采用了适当的电压等级和传输技术，以确保在传输过程中能够减少能量损失，提高电力传输的效率。中压配电网还配备了先进的保护设备和控制系统，以确保在突发情况下能够及时切断故障点，防止电力故障扩散，保障整个电力系统的安全稳定运行。

3. 低压配电网

低压配电网承载着将电能从配电变压器安全、高效地传输到用户侧用电设备的任务，其电压等级通常被限定在 220~400V，这一范围的设定旨在确保电能的稳定传输，同时满足大多数家庭、商业和工业用电设备的电力需求。低压配电网在电力系统中的作用不容忽视，它不仅是电力传输的"最后一公里"，更是确保用户用电质量和安全的"守门员"。在这个环节中，任何微小的故障或问题都可能直接影响到用户的日常生活和工作秩序，甚至可能引发安全事故。为了确保低压配电网的稳定运行，电力公司通常会采取一系列的技术和管理措施。例如，采用先进的自动化监控技术，实时监测配电网的运行状态，及时发现并处理潜在的安全隐患；还会加强设备的维护和检修，确保其在最佳状态下运行。

第二节　配电网运行与维护现状

一、配电网运行现状

1. 自动化水平不断提高

在 21 世纪的科技浪潮中，智能电网技术的快速发展，极大地提升了配电网的自动化水平，从而在保障电力供应安全、提高运营效率和优化用户体验等方面取得了显著的成效。

自动化技术在配电网中的应用，使得电力系统的管理变得更加精细化和智能化。例如，通过部署先进的远程监控系统，工作人员可以实时获取配电网的运行数据，包括电流、电压、功率等关键参数，从而对潜在的设备故障或异常情况进行预警，大幅提高了故障响应速度和处理效率。据国际能源署报告，智能电网的实施可以将电力故障的发现时间缩短 50% 以上，显著降低了维护成本和停电风险。

2. 分布式能源接入增多

分布式能源的接入无疑为配电网的管理带来了复杂性。由于这些能源的产生受到天气、季节等自然因素的影响，其输出功率具有很大的不稳定性，这给电网的稳定运行带来了新的考验。分布式能源的广泛分布也使得电网的监测和控制变得更加复杂，需要更高级别的智能调度和管理技术。挑战的背后，是更为广阔的机遇。分布式能源的接入为配电网提供了多元化的能源供应，有助于打破对传统化石能源的依赖，缓解全球能源紧张的状况。根据国际可再生能源署的报告，到 2030 年，全球分布式太阳能和风能的装机容量预计将增长 3 倍，达到 1700GW，这将极大地丰富了能源结构。分布式能源还可以作为"虚拟储能"参与电网的调节。例如，当电网负荷低、可再生能源产出过剩时，可以通过智能微网、电动汽车充电等方式吸收这部分电力，实现电力供需的动态平衡，提高能源利用效率。通过先进的储能技术和需求响应策略，可以进一步提高电网的灵活性和稳定性。

3. 负荷特性发生变化

随着全球经济的稳步增长和科技的飞速进步，人们的生活方式和生产模式发生了翻天覆地的变化，这在很大程度上反映在电力负荷特性上。过去，电力主要用于工业生产，而如今，随着第三产业的崛起和科技的广泛应用，电力需求的结构正在经历深刻的变革。工业用电作为电力消费的重要组成部分，其比重在逐渐攀升。随着自动化和智能化生产技术的普及，工厂对电力的依赖度不断提高，导致电力负荷的峰谷差增大，对配电网的稳定运行构成了新的挑战。据一项研究指出，预计到 2030 年，第三产业的电力需求将比现在增长 60% 以上。另一方面，居民用电的个性化需求日益凸显。随着智能家居、电动汽车等新型用电设备的普及，家庭用电模式从单一的照明、取暖转变为多元化、灵活化，对电力的需求呈现出更高的峰谷差异。消费者对电力服务的期望也在提高，他们不仅要求电力供应的稳定性，还对电能质量，如电压稳定性、频率稳定性等提出了更高的标准。

二、配电网维护现状

（1）预防性维护得到重视。预防性维护在当今的电力行业扮演着至关重要的角色，尤其在确保配电网稳定运行和安全方面。它是一种前瞻性的策略，旨在通过定期的检查、测试和保养，预防设备故障，降低非计划停机时间，从而提高电力供应的连续性和质量。这种维护方式不仅关注设备的当前状态，更注重预测和控制设备的未来性能，以防止可能的故障发生。随着科技的飞速发展，配电网的自动化水平不断提升，为预防性维护提供了更为先进的工具和方法。例如，智能传感器和监测设备可以实时收集设备的运行数据，包括温度、压力、振动等关键指标，这些数据通过无线网络传输到中央控制系统，进行实时分析和处理。一旦发现异常情况，系统可以立即发出警告，使得维护人员能在故障发生前进行干预，大幅提高了维护的效率和准确性。大数据技术的应用也为预防性维护带来了革命性的变化。大量的设备运行数据可以被整合和分析，利用机器学习和人工智能算法，可以识别出设备故障的早期迹象和故障模式，预测设备的未来性能，从而提前安排维修或更换，避免了因设备故障导致的电力中断和经济损失。

（2）抢修能力得到提升。配电网故障抢修是电力供应保障中的核心环节，对于保障人们的日常生活与企业的正常运营有着至关重要的作用。随着科技的不断发展，越来越多的智能化抢修设备被应用于配电网故障抢修中。这些设备具备精准定位、快速隔离故障点等功能，能够大幅提高抢修工作的效率和精准度。企业还定期对抢修设备进行维护和更新，确保其始终处于最佳状态。

（3）维护管理水平不断提高。随着我国电力体制改革的持续深化和企业管理创新的步伐不断加快，配电网维护管理领域呈现出崭新的面貌。这一变革不仅体现在维护管理水平的稳步提升，更在于电力企业对制度创新、技术应用的积极探索和实践。

在制度建设层面，电力企业深入贯彻国家关于电力行业改革的方针政策，不断修订和完善配电网维护管理制度。通过细化工作流程、明确职责分工、强化安全规定，使得维护工作更加规范有序，有效防止了因管理疏漏导致的事故风险。企业还积极引入 ISO9001 等国际质量管理标准，提升维护工作的标准化和专业化水平，确保电力供应的稳定可靠。

在技术创新方面，电力企业紧跟信息化、智能化的发展趋势，大力推动配电网维护管理的数字化转型。例如，通过建设智能调度系统，实时监控电网运行状态，及时发现并处理故障，大幅提高了维护效率。利用大数据、云计算等先进技术，对海量的电力数据进行深度分析，为预防性维护提供科学依据，显著提升了维护工作的预见性和精准度。

第三节　配电网面临的主要问题

一、供电可靠性的挑战

供电可靠性是衡量一个地区或国家电力系统稳定运行的关键指标，它直接关系到社会经济的正常运行和人民群众的生活质量。当前的配电网在保障供电可靠性方面面临着一系列复杂而严峻的挑战，需要深入研究并寻找解决方案。

电力设备在长期运行中，由于磨损、腐蚀、疲劳等因素，其性能会逐渐衰退，故障率也会随之升高。据相关研究显示，设备的故障率与使用年限呈正相关，超过设计寿命的设备其故障率可能增加数倍。这不仅增加了维修成本，更可能导致供电中断，影响用户的正常用电。

例如，台风可能造成输电线路的倒塌，暴雨可能导致地下电缆的短路，雷电可能导致变电站设备的损坏。据统计，全球每年因自然灾害导致的电力中断事件数以万计，严重影响了电力系统的稳定运行。

面对这些挑战，提高配电网的供电可靠性需要多方面的努力。首先，加强设备的维护和更新换代是基础。定期进行设备检查，及时发现并修复潜在问题，对于超过使用年限的设备应及时进行更换，以确保设备的运行状态良好。其次，采用先进的防灾减灾技术也是关键。例如，利用大数据和人工智能进行灾害预警，通过智能电网实现故障的快速定位和隔离，可以显著降低自然灾害对供电的影响。加强电网的基础设施建设，提高电网的抵御灾害能力，如增强输电线路的抗风能力，提高变电站的防雷标准等，也是提高供电可靠性的重要措施。

二、能效管理的压力

能效管理的核心任务在于优化能源使用，降低无谓的损耗，以实现可持续的能源供应。而我们的配电网在这一领域仍存在显著的短板，配电网的能源损耗率居高不下。据相关研究显示，部分地区的配电网损耗率甚至超过20%，这主要源于线路的老化、设备效率低下以及管理不善等因素。线路老化导致的电阻损耗增大，设备效率低则意味着更多的输入能量无法转化为有效输出，而管理不善则可能造成能源的浪费，如过度供电、故障未及时发现等。

随着社会经济的发展，用户对电力的需求持续攀升，这无疑给能效管理带来了更大的挑战。城市化进程加速，工业化、信息化的推进，使得电力消耗量逐年增加，对配电网的稳定性和效率提出了更高的要求。随着电动汽车、智能家居等新型用电模式的普及，电力需求的峰谷差也在扩大，这都对能效管理提出了新的课题。加强配电网的能效管理，显得尤为迫切。这需要我们从技术、管理、政策等多个层面入手，采取一系列有效的节能措施。例如，更新升级老旧线路，采用高效低耗的设备，引入智能监测和控制技术，以实现精细化、动态化的能源管理。通过优化调度策略，提高需求侧管理，引导用户合理用电，以平衡供需，降低损耗。

三、安全风险的增加

随着全球电力需求的持续增长，电网的规模和复杂性正以前所未有的速度发展，给配电网的安全管理带来了严峻挑战。一方面，大型化、智能化的电网系统在提高电力输送效率和覆盖范围，使得网络结构变得更为庞大和复杂。每增加一台设备，每扩展一千米线路，都可能增加新的故障点，使得电网的脆弱性呈指数级增长。一旦发生故障，由于网络的相互连接性，故障可能会迅速扩散，导致大面积的停电事故，对社会经济活动产生严重影响。

另一方面，随着电力市场的开放，电网的运行环境也变得更加开放和动态。电力交易的自由化使得电网的负荷变化更加难以预测，而新能源的大规模接入，如风能、太阳能等，其发电的不稳定性又给电网的稳定运行带来了新的难题。这些因素使得电网的安全管理面临着前所未有的复杂性。面对这些挑战，需要从多个层面加强配电网的安全防护。首先，需要提升电网的监测和预警能力，通过先进的传感器技术和大数据分析，实时监测电网的运行状态，预测并预防可能的故障。其次，应优化电网的结构设计，提高其抵御故障的能力，例如，采用模块化、自愈式的设计理念，使得电网在发生故障时能快速隔离故障区域，减少影响范围。还需要加强网络安全防护，防止恶意攻击对电网的破坏。

四、可扩展性的挑战

随着全球工业化和城市化的快速发展，电力需求正以前所未有的速度增长，对配电网的可扩展性提出了严峻的挑战。据国际能源署的报告，预计到2040

年，全球电力需求将比现在增长近 70%。这种增长主要源于人口增长、经济发展以及新兴科技对电力的依赖，如电动汽车和大数据中心等。

新能源的快速发展，如风能、太阳能等，也对配电网的结构和功能提出了新的要求。与传统的集中式发电模式不同，新能源多为分布式，其接入和输出具有随机性和波动性，需要配电网具有更高的灵活性和智能化水平，以便更好地整合和调度这些可再生能源。面对这些挑战，需要对配电网进行深度的规划和改造。首先，应加强基础设施的建设，提高配电网的承载能力和扩展能力，例如，通过增加变电站、升级输电线路等方式，以适应电力需求的增长。其次，应引入先进的智能电网技术，如储能系统、智能电表和高级调度系统，以提高电网的灵活性和适应性，更好地整合和管理各种电源。还需要制定适应新能源发展的政策和标准，鼓励分布式发电的接入和使用。

第四节　配电网的用户需求

一、供电质量需求

供电质量，作为电力服务的核心指标，始终是用户关注的焦点。在现代社会，随着科技的飞速发展，电子设备已经渗透到我们生活的方方面面，从家用电器到工业生产设备，无一不依赖于稳定可靠的电力供应。这些设备的精密度和复杂性日益提升，对供电质量的要求也随之水涨船高。电压的微小波动或频率的微小偏移，都可能导致设备运行异常，甚至造成严重的物理损坏，影响生产和生活的正常进行。因此，配电网的建设和优化必须将提高供电质量作为重要目标。这包括但不限于提升电压调节能力，确保电压的稳定；提高频率控制精度，防止频率的漂移；以及增强电网的抗干扰能力，减少外界因素对电力供应的影响。通过引入先进的电力监测和控制技术，可以实时监控电网运行状态，及时发现并处理可能影响供电质量的问题。

二、电力需求

随着全球经济的稳步前行和科技的飞速进步，人们的生活水平日益提高，这在很大程度上推动了电力需求的持续攀升。据国际能源署统计，过去 20 年间，全球电力消费量增长了60%，预计到2040年，这一数字还将再增长40%。在这种背景下，配电网的建设与优化显得尤为重要。一方面，需要不断扩大供电网络的覆盖范围，提升供电能力，以满足各行各业以及居民生活对电力的旺盛需求。例如，随着电动汽车的普及，对电力的需求在交通领域也呈现出快速增长的态势，这就需要提前规划，增强电网的供电能力。另一方面，配电网的运营策略也需要与时俱进，以适应用户用电需求的多样化和个性化。例如，随着可再生能源的广泛应用，电力供应呈现出更加复杂和多变的特性，需要通过智能电网技术，实时调整供电策略，确保电力系统的稳定运行。通过大数据分析，了解用户的用电习惯，实现需求侧管理，可以在保障供电质量的同时提高电力系统的经济性。

三、服务体验需求

在当今社会，电力供应已不再仅是满足基本生活和工作需求的基础设施，用户对电力服务的期望也在不断提升。他们不仅关注电力的稳定供应，更期待从电力服务中获得更优质的体验。其中包括了对服务流程的便捷性、故障处理的效率以及个性化用电指导等多方面的需求。

在支付方式上，用户追求的是无缝、无压力的体验。他们希望电力公司能提供多元化的缴费渠道，如在线支付、移动支付、银行转账甚至是社区的自助缴费设备。这些支付方式应与用户的日常生活习惯和使用习惯相契合，使得缴纳电费如同日常购物一般简单快捷。

在故障处理上，用户期望电力服务能够实现快速响应和高效修复。在现代社会，电力供应的中断可能会对家庭生活、企业运营甚至社会稳定产生重大影响。因此，电力公司需要建立一套完善的故障报告和处理机制，确保在故障发生时能够第一时间通知用户，并尽快恢复正常供电，以最小化对用户的影响。例如，一些先进的电力公司已经开始利用物联网技术和人工智能进行故障预测和自动修复，大幅提高了服务效率。

随着环保意识的提高和节能生活的推广，用户对于个性化用电建议的需求也在增加。他们希望电力公司能够根据他们的用电习惯和设备特性，提供定制化的节能方案，帮助他们降低电费支出，同时实现绿色、可持续的生活方式。这可能包括定期的用电分析报告、节能设备的推荐，甚至是智能家庭能源管理系统的集成服务。

第五节　配电网设备的智能化需求

一、分布式电源广泛接入的需求

随着全球能源结构的深度调整和可再生能源的快速发展，分布式电源的装机容量呈现出显著增长趋势。这些分布式电源，如太阳能光伏、风能发电机等，越来越多地直接接入配电网，极大地丰富了电力来源的多样性，同时也对传统配电网的运行管理提出了新的挑战。据国际能源署的数据显示，到 2030 年，全球分布式电源的装机容量预计将增长超过一倍，达到 10 亿 kW 以上。

随着电动汽车的普及，大量的电动车充电桩也逐渐成为配电网的重要负荷。这些充电桩在为电动汽车充电的同时也为配电网的电力输出侧带来了大量的瞬时负荷变化。同样，微电网作为一种新型的电力系统组织形式，集成了多种分布式电源和储能设备，其并网运行也对配电网的稳定性和安全性提出了更高的要求。这些变化不仅增加了配电网电力输入和输出端口的数量，也对配电网的设备性能和控制策略提出了更高的要求。配电网需要具备更高的适应性和灵活性，以应对电源形式的多样化、负荷变化的不确定性以及电压、频率的稳定控制。例如，智能配电网的发展，通过应用先进的传感器、通信技术和控制算法，可以实现对分布式电源的实时监测和动态调度，从而提高系统的运行效率和可靠性。

二、用户对于更高供电质量和安全性的需求

随着社会经济的快速发展和科技的日新月异，人们对电力供应的依赖程度日益加深，对供电质量和安全性的要求也随之水涨船高。这不仅体现在对电力供应的持续性、稳定性上，更体现在对电力系统故障预防和应对能力的期待中。因此，提升配电网设备的可靠性和稳定性，已经成为电力行业亟待解决的重要课题。智能化设备，如智能电表、自动化开关设备、分布式能源管理系统等，凭借其先进的技术优势，能够显著提升供电的可靠性和安全性。它们可以通过实时监测电网的运行状态，对电压、电流等关键参数进行精确控制，确保电力供应的稳定。智能化设备还具备强大的故障诊断能力，能够快速识别出潜在的

故障隐患，提前进行预警，大幅降低了故障发生的风险。一旦发生故障，系统可以立即启动应急预案，自动隔离故障区域，快速恢复非故障区的供电，最大程度地减少了停电对用户的影响。据统计，采用智能化设备的配电网，其故障恢复时间可缩短 50% 以上，极大地提高了供电的可靠性。

三、智能配网的建设要求

智能配网的建设是电力行业向现代化、高效化转型的重要步骤，它旨在利用先进的信息、通信和控制技术，构建一个能够实时感知、自我调节和智能决策的电力网络。这一过程的核心目标是提升配电网的运行效率，优化客户服务，保障企业运营的稳定性，并为新兴的电力业务提供强大的支持。通过部署各种传感器和监测设备，可以实时收集电网的运行数据，包括电压、电流、功率、电能质量等关键指标，从而实现对电网状态的全面了解。这种状态感知能力对于预防故障、优化电力调度、提高供电质量等方面具有重要意义。通过高级的自动化技术，配电网可以实现自我调节，例如，自动调整馈线的功率分配，以应对负荷变化或设备故障；或者，通过自动重合闸、故障隔离等机制，快速恢复供电，减少停电时间。利用大数据、云计算、人工智能等技术，可以对收集到的海量数据进行深度分析，生成预测模型，为电网规划、运维决策提供科学依据。也可以开发各种创新服务，如智能家居、电动汽车充电管理、分布式能源并网等，以满足不同用户的需求。统一的信息模型和接口规范可以确保不同设备和系统的互操作性，降低集成难度，提高系统的灵活性和可扩展性。应遵循信息化统一架构设计，确保系统的整体性和一致性。在安全防护方面，必须严格遵守总体要求，构建多层次、全方位的安全防护体系，保障电网的稳定运行和数据的安全。

四、配电网智能终端的基本要求

（1）状态感知是智能终端的基础能力。它能实时监测设备的运行状态，预测可能出现的故障，从而实现预防性维护，大幅降低设备的非计划停机时间。例如，通过内置的传感器，终端可以监测电网的电压、电流、温度等参数，及时发现异常情况，为维护人员提供准确的故障信息。

（2）即插即用和资源共享是提高电力系统灵活性和效率的关键。设备应能快速接入网络，自动配置，无需复杂的安装和调试过程。通过共享数据和计算资源，可以优化电网的运行策略，减少能源浪费，提高电力的使用效率。例如，当新的分布式能源如太阳能或风能系统接入电网时，智能终端能自动识别并调整电网的运行模式，以最大化可再生能源的利用。

（3）安全可靠是电力系统的生命线。智能终端需要具备强大的安全防护机制，防止黑客攻击，保护数据安全，确保电力系统的稳定运行。对于电力这种对可靠性要求极高的行业，智能终端还需要有故障自愈和冗余备份功能，以应对各种突发情况。

（4）智能高效是智能终端的高级目标。通过先进的算法和大数据分析，智能终端能实现精细化的能源管理，优化电网的运行效率，降低运营成本。例如，通过学习和分析历史数据，终端可以预测电力需求，动态调整电网的供电策略，实现供需平衡，减少电力浪费。

第六节　数字化转型的驱动力

配电网数字化转型的驱动力是多方面的，涵盖了政策导向、技术革新、市场需求以及能源转型等多重因素。

一、政策导向与规划引领

1. 政策体系的逐步完善

政策导向是引导配电网数字化转型的重要风向标。近年来，我国政府部门高度重视配电网的发展，出台了一系列政策文件，构建起一套较为完善的政策体系。从国家层面的《关于新形势下配电网高质量发展的指导意见》，到地方政府的配套实施方案，这些政策不仅明确了配电网数字化转型的目标、任务和路径，还通过财政补贴、税收优惠、金融支持等多种手段，为转型工作提供了强有力的政策保障。

2. 规划引领的战略布局

在政策的指引下，各级政府和电力企业纷纷制定配电网数字化转型的专项规划，明确转型的时间表、路线图和重点任务。这些规划不仅注重技术层面的创新与应用，还强调体制机制的改革与完善，力求在保障电网安全稳定运行的基础上，实现数字化、智能化水平的全面提升。同时，通过规划引领，还促进了不同区域、不同领域之间的协调发展和资源共享，为配电网数字化转型提供了广阔的空间和舞台。

3.示范项目的引领作用

为了推动配电网数字化转型的落地实施，各级政府和电力企业还积极开展示范项目建设。这些示范项目不仅涵盖了智能电网、微电网、储能系统等多个领域，还注重技术创新与模式创新的有机结合，为行业内外提供了可借鉴、可复制的经验和模式。通过示范项目的引领，不仅激发了市场主体的创新活力，还促进了产业链上下游的协同发展，为配电网数字化转型注入了强劲的动力。

二、技术革新与数智化赋能

1.先进技术的融合应用

技术革新是配电网数字化转型的核心驱动力。随着大数据、云计算、物联网、人工智能等先进技术的不断发展和融合应用，配电网的智能化水平得到了显著提升。大数据技术为配电网提供了海量数据的处理和分析能力，使得电网运行状态的实时监测和预测成为可能；云计算技术则通过构建弹性可扩展的计算资源池，为配电网提供了强大的数据处理和存储能力；物联网技术实现了电网设备之间的互联互通和智能感知；而人工智能技术则通过深度学习、机器学习等算法的应用，为电网的优化调度和故障处理提供了智能化解决方案。

2.数智化基础设施的搭建

数智化基础设施是配电网数字化转型的重要支撑。为了构建高效、安全、可靠的数智化配电网，需要加快建设包括数据中心、云计算平台、物联网平台等在内的数智化基础设施。这些基础设施不仅为配电网提供了强大的数据处理和存储能力，还通过数据的共享和开放促进了电网与用户之间的协同互动。同时，通过数智化基础设施的搭建，还可以实现对电网设备的远程监控和智能运维，提高电网的可靠性和运行效率。

3.数智化算法的优化应用

数智化算法是配电网数字化转型的关键技术之一。通过运用先进的算法模型和优化技术，可以对电网的运行状态进行精准分析和预测，为电网的优化调度和故障处理提供科学依据。例如，利用深度学习算法对电网负荷进行预测和调度优化；利用机器学习算法对电网故障进行快速识别和定位；利用优化算法对电网结构进行重构和升级等。这些算法的应用不仅提高了电网的智能化水平，还显著提升了电网的运行效率和可靠性。

三、市场需求与用户体验

1. 多元化、互动化的用能需求

随着经济社会的发展和居民生活水平的提高，用户对电力供应的多元化、互动化需求日益增强。传统的配电网已经难以满足这些需求的变化。数字化转型通过构建电网和用户的双向互动平台，可以实现电力供需的实时匹配和动态调整。用户可以根据自身需求参与电力市场的交易和调节；电网也可以根据用户需求和市场变化灵活调整供电策略和电价机制。这种双向互动不仅提高了电力供应的可靠性和效率，还促进了能源的高效利用和可持续发展。

2. 个性化、定制化的用电服务

数字化转型还推动了用电服务的个性化和定制化发展。通过运用数字化技术，可以实现对用户用电行为的精准分析和预测，为用户提供更加贴心、便捷的用电服务。例如，通过智能电表和智能家居系统实现对用户用电量的实时监测和远程控制；通过大数据分析为用户提供个性化的用电建议和节能方案；通过移动应用为用户提供便捷的电费查询和缴纳服务等。这些服务的推出不仅提升了用户的用电体验，还促进了电力市场的竞争和繁荣。

3. 市场新业态的拓展

数字化转型还催生了电力市场的新业态和新模式。例如，通过数字化技术构建微电网、储能系统、虚拟电厂等新型电力系统形态；通过区块链技术实现电力交易的透明化和可追溯性；通过共享经济模式推动电动汽车充电设施的共享和优化利用等。这些新业态和新模式的出现，不仅丰富了电力市场的产品和服务，还促进了能源的高效利用和可持续发展。同时，它们也为配电网数字化转型提供了更广阔的市场空间和商业机会。

四、能源转型与绿色发展

1. "双碳"目标的战略引领

在全球气候变化的背景下，我国提出了碳达峰碳中和的"双碳"目标，这对能源行业提出了严峻的挑战和新的要求。配电网作为能源系统的重要组成部分，其数字化转型是实现能源转型和绿色发展的关键途径。通过数字化转型，配电网可以更加高效地整合分布式能源、储能设备、电动汽车等新型能源资源，促进电力供需的平衡和优化，降低碳排放强度，推动能源结构的优化和绿色发展。

2. 新型能源设备的接入与管理

随着分布式发电和新能源汽车的爆发式增长，大量新型能源设备接入配电网，对配电网的承载能力和灵活性提出了更高要求。数字化转型通过构建智能感知、智能调度、智能运维等系统，实现了对新型能源设备的实时监测、精准控制和优化管理。这不仅可以提高配电网的接纳能力和运行效率，还可以促进新型能源设备的高效利用和协同发展，推动能源生产和消费方式的深刻变革。

3. 绿色发展的内在需求

绿色发展是新时代能源行业的重要使命和内在需求。数字化转型通过推动配电网的智能化、清洁化和高效化发展，为实现绿色发展提供了有力支撑。一方面，数字化转型促进了能源的高效利用和节约使用，降低了能源消耗和排放强度；另一方面，数字化转型还推动了清洁能源的广泛应用和普及，提高了清洁能源在能源结构中的比重和地位。这些措施共同推动了能源行业的绿色转型和可持续发展。

五、工程实践与科研创新

1. 工程实践的探索与突破

工程实践是配电网数字化转型的重要基础和支撑。近年来，我国电力企业在配电网数字化转型方面进行了大量有益的探索和实践。通过建设智能电网示范区、开展微电网和储能系统试点项目、推广电动汽车充电设施建设等措施，积累了丰富的工程实践经验和技术成果。这些实践不仅验证了数字化转型的可行性和有效性，还为后续的大规模推广和应用提供了宝贵的经验和借鉴。

2. 科研创新的引领与支撑

科研创新是配电网数字化转型的重要引领和支撑。为了推动配电网数字化转型的深入发展，学术界和产业界围绕数智化赋能赋效、提升配电网综合承载能力等方面开展了大量科研创新工作。通过研发先进的算法模型、开发智能化的软硬件系统、构建开放共享的数据平台等措施，不断推动配电网技术的创新和发展。这些科研成果不仅为配电网数字化转型提供了强有力的技术支撑和保障，还促进了产业链上下游的协同发展和合作共赢。

3."双轮"驱动的协同发展

工程实践与科研创新是配电网数字化转型的双轮驱动力量。它们相互促进、相互支撑，共同推动了配电网数字化转型的深入发展。一方面，工程实践为科研创新提供了丰富的应用场景和实验数据；另一方面，科研创新为工程实践提供了先进的技术支持和解决方案。通过"双轮"驱动的协同发展机制，可以不断推动配电网数字化转型向更高水平迈进。

第三章

数字化转型的战略规划

第一节 数字化转型的战略意义

随着信息技术的飞速发展，数字化转型已成为各行各业的趋势。配电网作为电力系统的重要组成部分，其数字化转型不仅关乎企业自身的生存与发展，更对提升能源利用效率、推动社会可持续发展具有深远意义。

一、提升企业的竞争力

配电网的数字化转型，首先体现在对先进信息技术的全面引入与应用上。物联网（IoT）、大数据、云计算、人工智能（AI）等前沿技术的融合，为配电网的智能化升级提供了强大的技术支撑。这些技术不仅使配电网的监测、控制、优化能力得到质的飞跃，还推动了配电网从传统的"被动响应"向"主动服务"的转变。通过实时数据采集与分析，配电网能够迅速感知电网状态，预测潜在风险，实现故障预警与快速响应，从而显著提升电网的安全性和可靠性。

数字化转型促进了配电网企业产品与服务的创新。基于大数据和AI技术的智能电表、智能开关、储能系统等新型设备的研发与应用，使得配电网能够提供更加高效、灵活、可靠的能源供应服务。同时，企业还能根据市场需求变化，快速调整产品结构和服务模式，开发出满足不同用户需求的定制化解决方案。这些创新的产品与服务不仅提升了企业的市场竞争力，还为用户带来了更加便捷、智能的用电体验。

数字化转型使得配电网企业的管理更加精细化。通过构建数字化管理平台，企业可以实现对电网运行状态的全面监控与数据分析，为管理层提供及时、准确的决策支持。此外，数字化技术还帮助企业优化资源配置，提高运营效率。

例如，通过大数据分析预测电力需求变化，企业可以合理安排发电计划、输电路径和配电方案，减少资源浪费和运营成本。这种精细化管理模式的实施，不仅提升了企业的整体运营效率，还增强了企业的市场竞争力。

二、满足客户需求

数字化转型使企业能够收集并分析大量用户数据，从而深入了解客户的用电习惯、需求偏好等信息。这些数据为企业提供了宝贵的市场洞察，帮助企业更准确地把握客户需求变化趋势。基于这些数据，企业可以为客户提供更加个性化、精准的服务。例如，针对家庭用户，企业可以根据其用电峰谷时段推荐节能方案；针对工业用户，企业可以根据其生产需求提供定制化的电费套餐和能源管理方案。这种个性化服务不仅提升了客户满意度，还增强了客户粘性。

数字化转型还极大地提升了客户的服务体验。通过构建数字化服务平台，客户可以随时随地查询用电信息、办理业务、反馈问题。这种便捷的服务方式不仅节省了客户的时间和精力，还提高了服务效率和质量。此外，数字化平台还提供了丰富的互动功能，如在线客服、社区论坛等，使客户能够更加方便地与企业进行沟通和交流。这种全方位的服务体验不仅增强了客户的满意度和忠诚度，还为企业赢得了良好的口碑和品牌形象。

数字化转型使企业能够迅速响应客户需求和市场变化。通过数字化平台收集的客户反馈和投诉信息，企业可以及时了解客户对产品和服务的意见和建议，并采取相应的改进措施。这种快速响应机制不仅有助于企业及时解决客户问题，提升客户满意度；还有助于企业不断优化产品和服务质量，保持市场竞争优势。

三、优化运营效率

数字化转型使得配电网的运维更加智能化。通过引入物联网、大数据、AI等技术手段，企业可以实现对电网设备的远程监控、故障预警和自动诊断等功能。这些功能不仅减少了人工巡检的频率和难度，降低了运维成本；还提高了运维效率和准确性，保障了电网的安全稳定运行。此外，智能运维系统还能根据设备运行数据预测维护周期和更换时间，提前安排维修计划，避免设备故障对电网运行造成影响。

数字化转型有助于企业实现资源的优化配置。通过大数据分析预测电力需求变化趋势，企业可以合理安排发电计划、输电路径和配电方案等关键环节的工作。这种预测性决策不仅减少了资源浪费和运营成本；还提高了能源利用效率和服务质量。此外，数字化技术还帮助企业实现了对电网资产的全面管理和优化调度。通过构建数字化资产管理系统和智能调度系统，企业可以实现对电网资产的实时监控和动态管理；同时根据电网运行状态和负荷变化调整调度策略，确保电网安全稳定运行并满足用户用电需求。

数字化转型强化了配电网的安全与应急管理能力。通过构建数字化安全监控系统和应急指挥平台等技术手段，企业可以实现对电网安全状态的全面监控和快速响应。在突发事件发生时，企业能够迅速启动应急预案并调配资源进行处置；同时利用数字化手段进行信息共享和协同作战，提高应急响应速度和处置效率。此外，数字化技术帮助企业对电网进行风险评估和隐患排查，提前发现潜在的安全隐患并采取措施进行整改，确保电网的长期稳定运行。

四、创造新的增长点

数字化转型为配电网企业创造了新的业务增长点。随着大数据、AI 等技术的不断成熟，企业可以基于这些数据开发出多种创新的能源管理服务。例如，通过智能电表和大数据分析，提供家庭能源管理解决方案，帮助用户优化用电行为，降低电费支出；或者为企业提供能源审计、能效评估等服务，助力其节能减排，实现可持续发展。此外，随着分布式能源的发展，企业还可以拓展分布式能源接入、微电网运营等新兴业务领域，为用户提供更加灵活多样的能源供应方案。

数字化转型促进了电力行业与其他行业的跨界合作。在数字化转型的背景下，电力行业不再是一个孤立的系统，而是与信息技术、制造业、交通运输等多个行业紧密相连。通过与这些行业的合作，电力企业可以共同开发出更加创新的产品和服务，满足市场的多元化需求。例如，与汽车制造商合作开发电动汽车充电服务，为用户提供便捷的充电体验；与智慧城市运营商合作，将配电网融入智慧城市的建设中，实现能源的高效利用和智能化管理。这些跨界合作不仅为企业带来了新的收入来源，还促进了整个能源生态系统的协同发展。

数字化转型推动了配电网企业构建创新生态体系。在数字化转型的过程中，企业需要与科研机构、高校、供应商等多个主体建立紧密的合作关系，共同推动技术创新和产业升级。通过构建开放、协同的创新生态体系，企业可以吸引更多的创新资源和人才加入，推动新技术、新产品的不断涌现。同时，企业还可以通过参与行业标准制定、举办创新大赛等方式，引领整个行业的发展方向和技术趋势，成为行业的领军者和标准制定者。

第二节　战略规划的制定流程

配电网战略规划的制定流程是一个系统而复杂的过程，涉及多个环节和步骤，以确保配电网能够满足未来电力需求，并实现安全、可靠、经济、高效的运行。

一、明确目标

1. 确定总体目标

首先，需要对区域的经济社会发展需求进行全面深入的研究。这包括分析地区经济发展速度、产业结构变化、人口增长趋势以及未来发展规划等因素，以确定未来电力需求的增长潜力和特点。要密切关注并深入研究电力行业的发展趋势，包括技术革新、政策导向、市场竞争格局等，以确保配电网战略规划的前瞻性和适应性。电力公司的整体战略是配电网战略规划的重要依据。在确定总体目标时，必须充分考虑电力公司的长期发展目标、市场定位、竞争策略等因素，确保配电网战略规划与公司战略保持一致，共同推动公司的持续发展。基于以上分析，明确配电网战略规划的总体目标。这些目标应当具有全局性、前瞻性和可操作性，能够指导整个规划过程，并为后续的制定战略、制定计划等环节提供方向。

2. 设定具体指标

为了将总体目标转化为可操作的规划内容，需要将其细化为具体的、可量化的指标。这些指标应当紧密围绕总体目标，具有明确的衡量标准和计算方法。在众多可能的指标中，需要选择那些对配电网战略规划实施效果影响最大、最具代表性的关键指标。这些指标通常包括供电可靠率、电压合格率、线损率等，它们能够直观地反映配电网的运行状况和经济效益。对于每个选定的关键指标，都需要设定一个明确的目标值。这个目标值应当基于现状分析、历史数据、行业标杆等因素进行合理确定，既具有挑战性又切实可行。将所有选定的关键指标及其目标值进行整合，构建成一个完整的指标体系。这个指标体系应当具有系统性、层次性和关联性，能够全面反映配电网战略规划的实施效果，并为后续的评估与调整提供依据。

二、环境分析

1. 外部环境分析

（1）政策环境。深入解读国家及地方政府关于电力行业的政策文件、指导意见和战略规划，把握政策导向的变化趋势。特别关注与配电网建设、改造、升级相关的政策扶持、资金补贴、税收优惠等激励措施。梳理并研究电力行业相关的法律法规、技术标准和安全规范，确保配电网战略规划的合法合规性。同时，关注法规标准的更新动态，及时调整规划内容以适应新要求。分析区域或国家层面的电力发展规划、能源发展战略等，了解配电网建设在整体能源体系中的定位和作用。确保配电网战略规划与上级规划相衔接，共同推动电力行业的可持续发展。

（2）经济环境。通过统计数据和经济指标，分析区域经济发展的总体水平、增长速度和结构特点。重点关注与电力需求密切相关的产业部门，如工业、商业、居民用电等，预测其未来发展趋势。深入了解区域产业结构的特点和变化趋势，特别是高耗能产业、新兴产业和绿色能源产业的发展情况。分析不同产业对电力需求的差异性和敏感性，为预测未来电力需求提供依据。基于历史数据和趋势分析，结合经济发展、人口增长、技术进步等因素，采用科学的方法预测未来电力需求的增长趋势和规模。特别关注季节性、时段性用电需求的变化规律，为配电网的规划和调度提供参考。

（3）技术环境。密切关注智能电网、分布式能源、储能技术、物联网、大数据等新技术的发展动态和应用案例。了解这些新技术在配电网建设、运行、管理等方面的应用潜力和优势。分析新技术对配电网的影响和潜在变革。评估新技术在提高供电可靠性、降低网损、增强配电网智能化水平等方面的作用，以及可能带来的技术挑战和风险。结合配电网的实际情况和未来发展趋势，选择适合的技术路线和解决方案。考虑技术的成熟度、经济性、可实施性等因素，确保所选技术能够满足配电网战略规划的需求。

2. 内部环境分析

详细分析现有配电网的网架结构，包括线路布局、变电站分布、设备容量等。识别网架结构中的薄弱环节和瓶颈问题，为优化网架结构提供依据。对配电网中的关键设备进行全面的检查和评估，包括设备的运行状况、老化程度、维护记录等。识别设备存在的安全隐患和性能问题，为设备更新和改造提供指导。通过监测和分析供电压、频率、谐波等参数，评估配电网的供电质量。识别供电质量不达标的原因和影响因素，为提升供电质量制定措施。分析配电网的负荷特性，包括负荷的时空分布、峰谷特性、季节性变化等。了解负荷的变化规律和特点，为配电网的规划和调度提供基础数据支持。评估电力公司的资源能力，包括资金、人力、技术等方面的资源储备和配置情况。分析资源能力的优势和不足，为制定战略提供资源保障。评估电力公司的技术实力和管理水平，包括技术研发能力、创新能力、项目管理能力、运维管理能力等。识别公司在技术和管理方面的优势和短板，为制定战略提供改进方向。

三、制定战略

在完成了环境分析并明确了总体目标和具体指标之后，制定战略成为配电网战略规划流程中的核心环节。这一步骤旨在将分析成果转化为具体可行的行动指南，为配电网的未来发展指明方向。

1. 确定战略方向

基于外部环境分析（政策、经济、技术）和内部环境分析（网架结构、设备状况、供电质量、负荷特性、资源能力等）的结果，综合权衡各方面因素，确定配电网战略规划的主要战略方向。这些方向应当紧密围绕总体目标，同时考虑到实际情况和未来发展趋势。在多个可能的战略方向中，明确哪些方向是当前最为紧迫和重要的。这可能包括优化网架结构以增强供电可靠性和灵活性，提升设备水平以减少故障率和提高运行效率，推进智能化建设以提升管理水平和响应速度等。将每个战略方向进一步细化为具体的、可操作的子方向或领域，以便在后续制定战略方案时能够有针对性地展开。

2. 制定战略方案

针对每个战略方向，设计具体的项目计划。项目计划应包含项目的名称、目标、内容、范围、时间节点、预期成果等关键要素。项目计划应详细而具体，以确保实施过程中的可操作性和可控性。根据战略方向和项目计划的需求，选择适合的技术路线。这包括考虑技术的先进性、成熟度、经济性以及与公司现有技术体系的兼容性等因素。技术路线的选择应确保能够实现项目目标并推动配电网的持续发展。对战略方案中的各个项目进行资金投入规划。这包括估算项目的总投资额、资金来源、资金分配和使用计划等。资金投入规划应合理且充足，以确保项目的顺利实施和预期目标的达成。在制定战略方案时，应充分考虑可能遇到的风险和挑战，并进行风险评估。针对评估结果制定相应的风险应对措施和预案，以减轻或消除风险对项目实施的负面影响。在设计了多个战略方案后，应对各方案进行比较分析。从可行性、经济性、社会效益等多个维度综合评估各方案的优劣，最终选择出最优方案作为配电网战略规划的实施方案。

通过以上步骤的制定战略过程，可以确保配电网战略规划既符合外部环境的变化趋势又兼顾内部条件的实际情况，为配电网的未来发展提供明确的方向和有力的支撑。

四、制定计划

1. 细化项目计划

为每个具体项目分配唯一的名称和编号，以便于管理和跟踪。项目名称应简洁明了，能够准确反映项目的核心内容和目标。将战略方案中的项目进一步细化为具体的建设内容。这包括明确每个项目需要建设的设施、设备、系统或改造的部分，以及具体的建设标准和要求。细化建设内容有助于确保项目实施的精确性和针对性。对每个项目的投资规模进行初步估算，包括设备购置费、施工安装费、调试运行费、人员培训费等各项费用。投资规模估算应基于市场调研和成本分析，确保估算结果的合理性和准确性。根据项目的重要性和紧迫性，制定详细的时间进度计划。这包括项目的启动时间、关键里程碑节点、完成时间等。时间进度安排应充分考虑各种因素，如天气条件、施工难度、资源调配等，以确保项目能够按计划顺利推进。明确项目实施过程中各相关部门的职责和协作机制。这包括项目管理部门、设计部门、施工部门、财务部门等之间的协作关系和工作流程。通过明确的责任分配和协作机制，可以确保项目实施的协调性和高效性。

2. 编制预算

根据项目计划的资金需求，制定详细的资金筹集计划。这包括确定资金来源渠道、筹集方式和时间安排等。资金筹集计划应充分考虑公司的财务状况和融资能力，确保资金能够及时到位并满足项目需求。将筹集到的资金按照项目计划进行分配和使用。这包括制定详细的资金使用计划表，明确每项费用的具体用途、金额和支付时间等。通过合理的资金分配和使用计划，可以确保资金的有效利用和项目的顺利实施。在编制预算的过程中，应充分考虑成本控制和风险管理的需求。通过制定成本控制措施和风险管理预案，可以降低项目实施过程中的成本和风险，提高项目的经济效益和社会效益。完成预算编制后，应组织相关部门和专家对预算进行审核。审核过程中应重点关注预算的合理性、准确性和可行性等方面。根据审核结果对预算进行必要的调整和优化，以确保预算的科学性和可操作性。

五、执行与监控

1. 组织实施

为确保战略规划的高效执行，企业应首先成立一个跨部门的专项项目组或独立的战略规划部门。该团队需涵盖电网规划、工程技术、财务、法务、市场等多领域专家，以确保从多个维度全面理解和推动战略规划的实施。明确团队成员的职责分工，建立高效的沟通协作机制，为战略规划的顺利执行奠定组织基础。基于战略规划的总体目标，项目组需进一步细化实施方案，包括具体的项目分解、时间节点、资源分配、责任主体等。确保每一项任务都有明确的执行路径和可衡量的标准，为后续的进度监控和效果评估提供依据。根据项目需求，合理调配和整合企业内外部资源，包括资金、人力、物资、技术等。建立资源保障机制，确保关键项目不受资源短缺影响，同时优化资源配置，提高资源使用效率。

2. 进度监控

构建全面的项目进度监控体系，包括定期报告制度、里程碑检查、关键路径管理等。利用项目管理软件或信息系统，实时跟踪项目进展，确保信息透明、准确。定期组织项目评估会议，对照实施计划检查进度完成情况，分析偏差原因，并采取相应措施进行调整。对于重大偏差或问题，应及时向上级汇报并启动应急响应机制。建立有效的沟通渠道，确保项目组成员之间、项目组与上级管理层之间信息畅通。鼓励团队成员提出问题和建议，及时反馈实施过程中的难点和亮点，为战略规划的持续优化提供参考。

3. 风险管理

在项目执行过程中，持续识别可能存在的风险源，包括技术风险、市场风险、财务风险、政策风险等。通过问卷调查、专家咨询、历史数据分析等方式，全面梳理潜在风险点。对识别出的风险进行定性和定量分析，评估其发生的可能性和影响程度。根据评估结果，对风险进行优先级排序，确定需要重点关注的风险点。针对每个重要风险点，制定具体的应对措施和应急预案。明确责任主体、执行步骤、资源需求等，确保在风险发生时能够迅速响应、有效控制。建立风险监控机制，定期对已识别的风险进行跟踪和回顾。评估应对措施的有效性，及时调整和完善风险管理策略。同时，总结经验教训，为未来的战略规划制定提供借鉴。

六、评估与调整

1. 效果评估

效果评估旨在全面、客观地衡量配电网战略规划实施后的成效，包括但不限于技术性能、经济效益、社会效益及环境效益等多个维度。具体目标包括提升供电可靠性、降低网损率、增强智能化管理水平、优化资源配置、提高客户满意度等。采用定量分析与定性分析相结合的方式。定量分析主要通过收集并处理大量数据，如供电可靠率（SAIDI、SAIFI）、网损率、自动化覆盖率、智能电表渗透率等关键指标，进行量化比较和趋势分析。定性分析则侧重于对政策环境、市场需求、技术革新等外部因素的变化及其对规划实施效果的影响进行评估。

评估停电次数、停电时间、用户平均停电时间（SAIDI）、系统平均停电频率（SAIFI）等指标，反映电网运行稳定性和服务质量。计算电网传输过程中的电能损失比例，评估电网的经济运行效率。评估自动化控制系统、智能调度平台、大数据分析与预测技术等的应用情况，以及这些技术对提升电网运行效率和决策支持能力的贡献。分析规划实施带来的成本节约、收入增加、投资回报率等经济指标，评估项目的经济可行性。考察规划对促进区域经济发展、提高居民生活质量、改善生态环境等方面的积极影响。

2. 反馈与调整

基于评估结果，深入剖析规划实施过程中存在的问题和不足，如技术瓶颈、资金短缺、管理不善、外部环境变化等，并明确问题的根源。

针对识别出的问题，制定针对性的改进措施和调整方案。引入更先进的电力设备和技术，如智能电网技术、分布式能源接入技术等，提升电网的智能化水平和运行效率。加强电网运行管理，完善制度建设，提升管理水平，确保各项规划措施得到有效执行。通过政府补贴、社会资本引入、融资创新等方式，拓宽资金来源渠道，保障规划项目的资金需求。积极应对外部环境变化，适时调整相关政策措施，为配电网战略规划的顺利实施创造有利条件。

将调整后的方案付诸实施，并建立持续监控机制，对实施效果进行定期评估。通过设立监测点、建立信息反馈系统等方式，及时掌握规划实施情况，确保调整措施的有效性和针对性。同时，根据新的评估结果和实际情况，适时进行新一轮的反馈与调整，形成持续改进的良性循环。

通过以上流程的制定和实施，可以确保配电网战略规划的科学性、合理性和可操作性，为电力行业的可持续发展提供有力保障。

第三节　数字化转型的愿景

一、长期目标的设定

设定长期目标旨在构建一个集智能感知、智能分析、智能决策、智能执行于一体的智能电网体系。

通过部署先进的传感器网络、物联网技术以及无人机、机器人等智能巡检设备，实现对电网运行状态、环境参数、设备健康度等信息的实时、精准采集。这些数据将成为智能电网运行的基石，为后续的智能分析和决策提供丰富而准确的信息源。

利用大数据处理、云计算、人工智能等技术，对海量电网数据进行深度挖掘和智能分析，揭示电网运行规律，预测潜在风险，优化资源配置。通过构建复杂的算法模型和机器学习机制，提高电网故障预警的准确性和及时性，为智能决策提供科学依据。

在智能分析的基础上，智能电网将具备自主决策能力，能够根据实时数据和历史经验，自动调整电网运行策略，实现负载均衡、故障自愈等功能。这种自主决策能力将显著提高电网的适应性和灵活性，确保在各种复杂环境下都能保持高效稳定运行。

智能电网的执行层将集成先进的自动化控制技术，确保决策指令的精准执行。无论是设备启停、负荷调整还是故障隔离与恢复等操作，都将实现快速响应和精确控制，减少人为干预和误操作的风险。

通过数字化转型，进一步优化电网运行管理流程，提高运维效率，降低运维成本。同时，借助智能调度和能源管理系统，实现电能的合理调配和高效利用，提高供电可靠性和电能质量，为用户提供更加优质、经济的电力服务。

积极响应国家绿色发展战略，努力推动清洁能源如风电、光伏等的广泛应用和高效利用。通过智能电网的灵活调度和储能系统的支持，实现清洁能源与常规能源的互补互济，减少碳排放，助力实现碳达峰、碳中和目标。

在数字化转型的过程中，要始终关注用户需求和市场变化，构建以用户为中心的电力服务体系。通过提供个性化、定制化的电力产品和服务，增强用户参与感和满意度，推动电力市场的健康发展。

二、价值观的坚守

技术创新是数字化转型的驱动力。要推动智能电网技术、大数据分析、人工智能应用等领域的突破。同时，积极引入先进的管理理念和方法，推动管理创新，提升组织效率和创新能力。要严格遵守国家安全生产法律法规和行业标准规范，建立健全安全管理体系和应急响应机制。通过加强安全监测、风险评估和隐患排查等工作，确保电网运行稳定可靠，保障人民生命财产安全。绿色发展是数字化转型的重要方向。要积极响应国家绿色发展战略要求，推动能源结构优化和环境保护。通过促进清洁能源的广泛应用和高效利用，减少碳排放和其他污染物排放，实现可持续发展目标。数字化转型不是孤立的过程，要积极寻求与其他行业、企业的合作与交流机会，共同推动配电网数字化转型进程。通过共享资源、互通有无、协同创新等方式实现互利共赢的目标。员工是企业发展的根本动力之一。并且要关注员工的成长和发展需求，提供良好的工作环境和培训机会帮助他们提升专业能力和职业素养。同时积极倾听用户声音，了解他们的需求和期望不断改进产品和服务提升用户满意度。

三、核心期望的明确

在智能电网技术、大数据分析、人工智能应用等领域取得重大突破形成一批具有自主知识产权的核心技术和产品。这些技术将直接推动配电网智能化水平的提升并为后续的创新发展提供有力支撑。

探索新的运营模式和服务模式，如需求响应、虚拟电厂、能源互联网等。

这些新模式将打破传统电网的界限促进能源生产和消费的深度融合提高电网的灵活性和市场适应能力。同时它们也将为用户带来更加便捷、高效的电力服务体验。

构建开放共享的配电网数字化生态体系，吸引更多产业链上下游企业参与合作共同推动产业发展。这个生态体系将涵盖技术研发、设备制造、运维服务等多个环节形成一个紧密联系的产业链网络促进技术创新和产业升级。

加强人才队伍建设，培养一批具有国际化视野和创新能力的配电网数字化专业人才。这些人才将成为推动数字化转型的重要力量他们将在技术研发、项目管理、战略规划、市场拓展等方面发挥关键作用。为了实现这一目标，要加强与高校、研究机构及国际组织的合作，建立人才培养和交流机制，提供多元化的培训和发展机会，吸引并留住优秀人才。

四、愿景的沟通与传播

为了确保配电网数字化转型的愿景能够深入人心，并引导全体员工和合作伙伴朝着共同的目标努力，需要通过组织高层领导宣讲、召开动员大会、开展专题培训等方式，向全体员工传达数字化转型的重要性和愿景目标。利用企业内刊、宣传栏、电子屏幕等渠道，持续发布相关信息和成功案例，增强员工的认同感和责任感。同时，建立员工反馈机制，鼓励员工提出意见和建议，不断优化和完善转型方案。

积极参加国内外行业会议、展览和论坛等活动，与业界同仁分享经验、交流思想，共同推动配电网数字化转型的进程。与行业协会、标准组织等建立紧密联系，参与制定相关标准和规范，提升公司在行业内的影响力和话语权。通过联合研发、项目合作等方式，与产业链上下游企业建立紧密的合作关系，共同探索新的发展模式和市场机会。

利用新闻媒体、社交媒体等渠道，广泛宣传配电网数字化转型的成果和亮点，提高公众对智能电网的认知度和接受度。开展电力科普教育活动，向公众普及智能电网的基本知识、优势和应用场景，增强公众的环保意识和节能意识。同时，加强与政府部门的沟通和合作，争取更多的政策支持和资金投入，为数字化转型创造良好的外部环境。

五、愿景的持续更新与优化

数字化转型是一个持续的过程，随着技术的不断进步和市场环境的变化，我们需要不断审视和调整数字化转型的愿景目标和实施路径。因此，建立科学的评估机制、保持高度的敏锐性和灵活性至关重要。

定期对数字化转型的进展和成效进行评估和分析，包括技术创新、运营模式、经济效益、社会效益等多个方面。通过定量和定性的方法，评估转型目标的实现情况，发现存在的问题和不足，并提出改进措施和建议。

根据评估结果和外部环境的变化，适时调整数字化转型的愿景目标和实施路径。确保目标既具有前瞻性又具有可行性，既符合公司的整体战略又适应市场的发展趋势。同时，加强与相关利益方的沟通和协调，确保目标调整得到广泛认同和支持。

在数字化转型的过程中，不断总结经验教训，优化转型策略和措施。加强技术研发和创新能力建设，提高自主知识产权的拥有量和质量；加强管理和组织能力建设，提高团队协同作战的能力和效率；加强市场开拓和品牌建设能力，提高产品和服务的市场竞争力。通过持续优化策略和措施，推动数字化转型不断取得新的突破和进展。

综上所述，配电网数字化转型的愿景是一个具有前瞻性、全局性和可操作性的战略构想。通过设定长期目标、坚守核心价值观、明确核心期望、加强沟通与传播以及持续更新与优化等措施的实施，我们将推动配电网向更加智能化、绿色化、高效化方向发展，为实现能源转型和可持续发展贡献力量。

第四节 战略规划的关键要素

配电网战略规划涉及电力网络的长期布局、设备选型、技术路线以及运营管理等多个方面。一个科学合理的配电网战略规划，能够确保电力供应的可靠性、经济性和环保性，为经济社会的持续发展提供坚实的能源保障。

一、能源供给的多样性与可持续性

能源供给是配电网战略规划的首要考虑因素。随着全球能源结构的转型和环保意识的增强，能源供给的多样性和可持续性已成为配电网规划的重要方向。

1. 可再生能源的集成

可再生能源如太阳能、风能等具有清洁、可再生的特点，是未来能源体系的重要组成部分。配电网战略规划需要充分考虑可再生能源的接入和集成问题，包括接入点的选择、接入容量的确定、接入方式的优化等。通过建设分布式电源、微电网等新型电力系统形态，实现可再生能源的就地消纳和高效利用。

2. 传统能源的合理利用

尽管可再生能源具有诸多优势，但传统能源如煤炭、天然气等在当前及未来一段时间内仍将是能源供应的重要来源。因此，配电网战略规划也需要关注传统能源的合理利用问题。通过提高能源利用效率、减少能源浪费、推动能源转型等方式，实现传统能源与可再生能源的协调发展。

二、电力传输与配送的效率与可靠性

电力传输与配送是配电网战略规划的核心内容之一。高效的电力传输和可靠的电力供应是保障经济社会正常运行的基础。

1. 高压输电技术的应用

为了提高电力传输效率，配电网战略规划中应优先考虑高压输电技术的应用。高压输电技术能够减少输电过程中的能量损耗，提高输电效率。同时，通过优化输电网络布局、提高输电设备的技术水平等措施，可以进一步提升输电效率。

2. 变电站与配电站的合理布局

变电站和配电站是电力传输与配送的重要节点。在配电网战略规划中，需要充分考虑变电站和配电站的合理布局问题。这包括变电站和配电站的数量、位置、容量以及相互之间的连接关系等。通过科学合理的布局，可以确保电力传输与配送的可靠性和经济性。

3. 应急电源与备用电源的建设

为了提高电力供应的可靠性，配电网战略规划中还需要考虑应急电源和备用电源的建设问题。应急电源和备用电源可以在主电源出现故障或停电时迅速接管供电任务，保障重要用户和关键设施的电力供应。通过建立健全的应急电源和备用电源体系，可以进一步提高电力供应的可靠性和稳定性。

三、智能电网技术的应用与发展

智能电网技术是配电网战略规划中的新兴要素。通过应用智能电网技术，可以实现对电力网络的智能化管理和控制，提高电力网络的运行效率和可靠性。

1. 先进的通信与信息技术

智能电网技术依赖先进的通信与信息技术。在配电网战略规划中，需要充分考虑通信与信息技术的应用问题。通过建设高效、可靠的通信网络和信息平台，可以实现对电力网络的实时监测、控制和优化调度。同时，利用大数据分析、人工智能等先进技术，可以进一步提高电力网络的智能化水平。

2. 分布式电源与储能技术的集成

分布式电源和储能技术是智能电网的重要组成部分。在配电网战略规划中，需要关注分布式电源和储能技术的集成问题。通过建设分布式电源和储能设施，可以实现电能的灵活调度和高效利用。同时，通过优化分布式电源和储能设施的运行策略和管理模式，可以进一步提高电力网络的可靠性和经济性。

3. 用户侧管理与互动

智能电网技术还强调用户侧的管理与互动。在配电网战略规划中，需要充分考虑用户侧的需求和变化。通过建设智能电表、智能家居等用户侧设备，可以实现对用户用电行为的实时监测和数据分析。同时，通过构建用户互动平台和服务体系，可以鼓励用户参与电力网络的运行和管理，提高电力网络的整体效率和可靠性。

四、环境保护与可持续发展

环境保护和可持续发展是配电网战略规划中不可忽视的要素。在规划过程中，需要充分考虑电力网络建设和运行对环境的影响，并采取措施减少这种影响。

1. 清洁能源的广泛应用

清洁能源的广泛应用是减少电力网络对环境影响的重要途径。在配电网战略规划中，需要优先考虑清洁能源的接入和利用问题。通过建设风电场、光伏电站等清洁能源项目，可以减少化石能源的消耗和排放，降低对环境的污染。

2. 污染排放的控制与治理

除了清洁能源的广泛应用外，还需要对电力网络建设和运行过程中的污染排放进行控制和治理。在配电网战略规划中，需要制定严格的环保标准和排污控制措施，确保电力网络建设和运行符合环保要求。同时，通过推广环保技术和设备、加强环保监管等措施，可以进一步减少电力网络对环境的影响。

3. 生态系统保护与恢复

电力网络建设和运行还可能对生态系统造成一定的影响。在配电网战略规划中，需要充分考虑生态系统的保护和恢复问题。通过制定科学合理的生态系统保护方案、加强生态修复和恢复工作等措施，可以确保电力网络建设和运行与生态环境的协调发展。

五、市场运行机制与经济效益

在配电网战略规划中，市场运行机制与经济效益是两个至关重要的方面。合理的市场运行机制能够促进资源的优化配置，提高电力市场的竞争力和效率；而良好的经济效益则是衡量配电网战略规划成功与否的重要标准之一。

1. 市场机制的完善与创新

随着电力体制改革的不断深入，配电网战略规划需要积极适应市场化改革的方向。通过完善电力市场规则、建立公平竞争的市场环境、推动电力交易市场的形成和发展等措施，促进电力资源的优化配置和高效利用。合理的价格机制和激励机制是引导电力市场健康发展的关键。在配电网战略规划中，应建立科学合理的电价形成机制，通过价格杠杆调节电力供需关系；同时，设计有效的激励机制，鼓励电力企业提高运营效率、降低成本、提升服务质量。在市场化背景下，配电网的运营和管理也需要逐步向市场化方向转变。通过引入竞争机制、推动配电网企业的股份制改革、加强市场监管等措施，提高配电网的市场化程度和运营效率。

2. 经济效益的评估与提升

在配电网战略规划过程中，需要进行全面的成本效益分析。通过评估规划方案的投资成本、运营成本、维护成本等各项费用，以及规划方案带来的经济效益、社会效益和环境效益等方面的收益，综合判断规划方案的可行性和经济性。为了提升配电网的经济效益，可以采取多种途径。例如，通过优化电网结构、提高设备利用率、降低损耗率等措施，降低运营成本；通过发展增值服务、拓展业务领域等方式，增加收入来源；通过加强内部管理、提高运营效率等措施，提升整体经济效益。在配电网战略规划中，还需要关注风险管理与应对策略的制定。通过对潜在风险的识别、评估和分析，制定相应的风险管理措施和应急预案；同时，加强风险监测和预警机制的建设，及时发现和应对潜在风险，确保配电网的安全稳定运行和经济效益的持续提升。

六、技术创新与人才培养

技术创新和人才培养是配电网战略规划中不可或缺的两个要素。技术创新是推动配电网发展的重要动力，而人才培养则是实现技术创新和战略规划的重要保障。

1. 技术创新

在配电网战略规划中，需要关注关键技术的突破和创新。通过加大研发投入、加强产学研合作等方式，推动配电网关键技术的研究和应用；同时，积极引进和消化吸收国际先进技术成果，提升我国配电网的技术水平和竞争力。在技术创新的基础上，还需要加强新技术在配电网中的应用和推广。通过示范项目建设、技术培训等方式，推动新技术在配电网中的广泛应用；同时，加强新技术与传统技术的融合创新，形成具有自主知识产权的配电网技术体系。

2. 人才培养

加强配电网人才队伍的建设是实现技术创新和战略规划的重要保障。通过完善人才引进、培养、使用和激励机制等措施，吸引和留住优秀人才；同时，加强人才队伍建设的规划和管理工作，确保人才队伍的合理结构和持续发展。加强配电网从业人员的培训和教育是提高其专业素质和技能水平的重要途径。通过举办培训班、开展技能竞赛、组织学术交流等方式，提高从业人员的业务水平和创新能力；同时，加强职业道德教育和企业文化建设工作，培养具有高度责任感和使命感的配电网人才队伍。

综上所述，配电网战略规划是一个复杂而系统的工程，涉及能源供给、电力传输与配送、智能电网技术、环境保护、市场运行机制与经济效益以及技术创新与人才培养等多个方面。在未来的发展中，配电网战略规划需要继续坚持可持续发展理念、注重技术创新和人才培养、加强市场机制和经济效益的提升以及深化与国际合作与交流等方向。通过不断优化和完善配电网战略规划的各个环节和要素，推动配电网向更加智能化、绿色化、高效化方向发展，为实现能源转型和可持续发展贡献力量。

第五节　战略规划的实施路径

一、明确数字化转型的目标和愿景

数字化转型的首要目标之一便是提高运营效率。通过数字化技术，企业可以实现数据的实时分析和处理，从而优化决策过程，减少无效工作，提高整体运营效率。借助先进的物联网技术和大数据分析，企业能够精确地追踪和预测能源需求，实现供需平衡，降低浪费，同时也有助于环保和可持续发展。例如，智能电网的建设能够实时调整电力分配，避免过载或供应不足的情况，确保能源的高效利用。随着网络攻击手段的日益复杂，保护数据安全和系统稳定运行显得尤为重要。企业需要投入资源，建立强大的网络安全防护体系，通过定期更新防护策略，进行安全风险评估，以抵御潜在的威胁。在明确了长期目标后，企业还需要制定一系列具体的短期和中期目标。例如，提升配电网侧的自动化水平，通过引入自动化设备和智能算法，可以实现故障的快速定位和自我修复，大幅提高了服务质量和可靠性。实现远程监控和智能调度，可以实时了解设备运行状态，根据需求变化灵活调整，进一步提升运营效率。在这个过程中，企业应持续学习和创新，积极引入先进的数字化工具和技术，培养具有数字化思维的人才，以确保数字化转型的顺利进行。也要注重与行业伙伴、科研机构等进行合作，共享资源，共同推动行业的数字化进程。

二、评估现有系统和资源

进行全面的配电网系统评估旨在深入了解现有系统的运作机制，从技术的微观层面到管理的宏观层面，无一遗漏。首先，需要分析配电网的运行状态，包括设备的性能、效率、维护周期等，以确定其在当前环境下的运行效果。技术架构的评估也是至关重要的，这涉及硬件设施的更新需求、软件系统的兼容性以及整体技术栈的稳定性。在数字化转型中，数据是驱动创新和决策的核心要素。这包括评估数据的收集、存储、处理和分析能力，以及数据安全和隐私保护的措施。理解这些能力的现状和潜在的改进空间，将有助于我们设计出更有效的数据驱动策略。人力资源是转型过程中的关键因素，需要评估员工的数字化技能水平，以及培训和再教育的需求。技术资源的评估则需要考虑现有技术基础设施的适应性，以及可能需要引入的新技术。最后，资金资源的可用性和分配将直接影响转型项目的规模和速度。

三、制定数字化转型战略和规划

1. 制定数字化转型战略

（1）技术选型。根据目标和评估结果，选择适合配电网数字化转型的关键技术。这可能包括物联网（IoT）技术用于设备监控和数据采集，大数据分析技术用于处理和分析海量数据，云计算技术用于提供弹性的计算和存储资源，以及人工智能（AI）技术用于优化决策和预测等。

（2）系统架构。设计一个能够适应数字化转型需求的系统架构。这包括确定系统的整体结构、各个模块之间的接口和交互方式、数据的流向和处理方式等。要确保系统架构具有可扩展性、可维护性和安全性。

（3）数据管理。制定一个全面的数据管理策略，包括数据的采集、存储、处理、分析和可视化等方面。要确保数据的准确性和一致性，同时提高数据的可用性和易用性。还要建立数据安全和隐私保护的机制，确保数据的合法使用。

（4）网络安全。配电网数字化转型将带来网络安全方面的挑战。因此，在制定战略时，要充分考虑网络安全因素，制定有效的网络安全策略和措施。这可能包括建立防火墙、入侵检测系统、数据加密等技术手段，以及制定应急响应计划和演练等。

2. 制定数字化转型规划

（1）实施步骤。将数字化转型战略分解为具体的实施步骤。这些步骤应该具有可操作性和可衡量性，能够清晰地指导数字化转型的实施过程。要确保各个步骤之间的衔接和协调，避免出现重复工作或遗漏。

（2）时间表。为每个实施步骤设定明确的时间表。时间表应该合理可行，能够充分考虑各种因素（如资源、技术、人员等）的约束条件。要确保时间表的灵活性，以便根据实际情况进行调整和优化。

（3）责任人。为每个实施步骤明确责任人。责任人应该具备相应的能力和素质，能够承担起相应的责任和义务。要建立有效的沟通和协作机制，确保各个责任人之间的协同工作。

四、实施数字化转型项目

1. 明确实施步骤和时间表

在开始数字化转型项目之前，首先要明确每个项目的具体实施步骤和时间表。这包括项目的启动、需求分析、系统设计、开发测试、上线部署以及后期的运维优化等各个阶段。明确的时间表有助于项目团队合理安排工作，确保项目能够按时完成。

2. 重点关注关键项目

（1）配电网设备监控系统。通过安装传感器、数据采集器等设备，实时监控配网设备的运行状态和参数。利用大数据分析和人工智能技术，对设备故障进行预测和预警，提高设备的可靠性和可用性。

（2）配电网络信息化平台。构建一个集中、统一的信息化平台，实现配网数据的集中存储、管理和分析。通过该平台，可以实时掌握配网运行状态、负荷情况等信息，为优化资源配置和调度提供有力支持。

（3）与上下游系统的互联互通。实现配电网与发电系统、用电系统之间的互联互通。通过数据共享和交换，实现资源的优化配置和协同调度，提高整个电力系统的运行效率和可靠性。

3. 确保项目质量和进度

在项目实施过程中，要密切关注项目的质量和进度。通过制定详细的项目管理计划和质量控制措施，确保项目按照既定的时间表和质量要求推进。要加强项目团队的沟通和协作，及时解决实施过程中出现的问题和困难。

五、优化运营和管理模式

在配电网数字化转型的战略规划实施过程中，优化运营和管理模式是一个至关重要的环节。随着新技术、新系统的引入，原有的运营和管理模式往往需要进行相应的调整，以确保与新技术架构和系统环境的高效协同。在优化运营和管理模式之前，首先需要深入理解数字化转型所带来的技术变革。这包括对新技术的特性、功能以及潜在影响进行深入研究，从而确保后续的优化措施能够真正符合技术发展的需求。为了提升运营效率和管理水平，可以引入一系列先进的管理理念和方法。例如，精益管理强调通过消除浪费、持续改进来优化流程，提高资源利用效率；敏捷开发则注重快速响应变化、持续迭代改进，以适应快速变化的市场需求。这些理念和方法可以帮助配电网企业在数字化转型过程中更加灵活、高效地运营和管理。基于先进的管理理念和方法，可以对现有的运营流程进行优化。通过梳理流程、识别瓶颈、制定改进措施等步骤，可以实现流程的简化、标准化和自动化，从而提高运营效率和质量。还需要加强流程监控和评估机制，确保流程的持续改进和优化。

六、加强数据管理和网络安全

（1）建立完善的数据管理体系。在配电网数字化转型过程中，数据是核心资源，其管理直接影响到整个系统的运行效率和决策准确性。因此，建立完善的数据管理体系至关重要：①制定统一的数据标准和规范，确保不同来源、不同格式的数据能够在系统中被有效整合和利用；②加强数据质量的管理，包括数据的采集、存储、处理、分析和应用等各个环节，确保数据的准确性、完整性和一致性；③建立数据治理机制，明确数据的所有权、使用权和管理权，确保数据的合规使用和共享；④建立数据备份和恢复机制，以防数据丢失或损坏，保障数据的安全性和可靠性。

（2）加强网络安全防护。随着配电网的数字化程度不断提高，网络安全威胁也日益严重。因此，加强网络安全防护是保障系统稳定运行的重要措施：①构建多层次、全方位的安全防线，包括物理安全、网络安全、系统安全、应用安全和数据安全等方面；②定期对系统进行安全评估和风险分析，发现潜在的安全隐患和漏洞，并及时进行修复和加固；③加强员工的安全培训和教育，增强员工的安全意识和操作技能，减少人为因素导致的安全事件；④建立完善的应急响应机制，制定应急预案和处置流程，确保在发生安全事件时能够迅速响应、有效处置并最大限度地减少损失。

七、持续监测和评估

在配电网数字化转型战略规划的实施路径中，持续监测和评估是一个至关重要的环节。在进行持续监测和评估之前，首先要明确其目标。这包括确保数字化转型的进展符合预期、评估数字化技术的应用效果、发现潜在问题或瓶颈等。明确的目标有助于为后续的监测和评估工作提供方向。为了全面、客观地评估数字化转型的效果，需要制定一套科学、合理的指标体系。这些指标应该涵盖技术、业务、管理等多个方面，如数字化技术应用率、运营效率提升程度、客户满意度等。指标的设计应具有可测量性、可比性和可操作性，以便于进行量化分析和比较。为了确保监测和评估工作的顺利进行，需要建立一套完善的机制。这包括确定监测频率、制定评估流程、明确责任分工等。还需要建立数据收集、整理和分析的规范，确保评估结果的准确性和可靠性。在实施监测与评估的过程中，需要密切关注数字化转型的进展情况，及时收集和分析相关数据。对于发现的问题或瓶颈，要进行深入剖析，找出原因并制定相应的改进措施。还要关注外部环境的变化，如政策法规、市场竞争等，以便及时调整战略和规划。监测和评估的目的是不断优化战略和规划，提高实施效率。因此，在得到评估结果后，要及时进行分析和总结，找出问题所在并制定相应的改进方案。还要根据外部环境的变化和市场需求的调整，对战略和规划进行实时更新和优化。

第六节　战略规划的风险评估

一、技术风险

在配电网数字化转型的战略规划过程中，技术风险在数字化转型过程中不容忽视，因此技术风险评估是至关重要的一环。

新技术在推出初期往往存在各种不完善和不稳定的问题。如果企业急于将尚未成熟的技术引入配电网系统，可能会遇到诸如系统故障、性能波动等问题，这不仅会影响配电网的正常运行，还可能对企业的声誉和经济效益造成损失。

在配电网数字化转型中，技术可靠性直接关系到系统的稳定性和安全性。如果引入的技术存在设计缺陷或质量问题，可能会导致系统崩溃、数据丢失等严重后果，给企业带来无法挽回的损失。

随着技术的不断发展，网络安全问题也日益突出。配电网系统作为关键基础设施，一旦遭受网络攻击或数据泄露，将可能对国家安全和社会稳定造成严重影响。因此，在引入新技术时，必须充分考虑其安全性，采取必要的安全防护措施。

二、市场风险

（1）政策法规的变动是市场风险中的一个重要方面。随着全球化和区域一体化的推进，各国政府为了促进经济、环境和社会发展，不断调整和完善政策法规。这些变动可能涉及电力行业的准入门槛、技术标准、定价机制等关键领域，对配电网数字化转型的战略规划产生深远影响。因此，企业需要密切关注政策法规的变动趋势，及时调整战略规划，确保合规经营。

（2）竞争对手的策略调整是市场风险的重要来源。在竞争激烈的市场环境中，竞争对手可能会通过技术创新、并购重组、市场扩张等手段来增强自身实力，从而对企业构成威胁。这些策略调整可能改变市场竞争格局，影响企业的市场份额和盈利能力。因此，企业需要密切关注竞争对手的动态，及时分析竞争对手的策略调整对战略规划的影响，并制定相应的应对策略。

（3）消费者需求的变化是市场风险不可忽视的因素。随着科技的发展和人们生活水平的提高，消费者对电力服务的需求也在不断变化。这些变化可能涉及供电可靠性、电能质量、电力价格等多个方面。如果企业不能及时满足消费者需求的变化，就可能失去市场份额和客户信任。因此，企业需要密切关注消费者需求的变化趋势，及时调整战略规划，以满足消费者的需求。

三、组织风险

（1）组织结构的调整是数字化转型中常见的挑战之一。传统的组织结构可能无法适应数字化时代快速变化的需求，因此需要进行扁平化、柔性化或项目化的调整。这样的调整往往涉及权力的重新分配和职能的重新界定，可能会引发员工的抵触情绪，甚至可能导致一些关键人才的流失。

（2）业务流程的顺畅性是组织风险的重要考量因素。数字化转型要求企业能够实现业务流程的自动化、智能化和协同化，以提高效率和响应速度。在实际操作中，可能会遇到流程不畅、信息孤岛、数据孤岛等问题，这些问题不仅会影响数字化转型的推进速度，还可能增加企业的运营成本和风险。

（3）员工的能力和态度是组织风险的重要方面。数字化转型需要员工具备新的技能和知识，如数据分析、人工智能、云计算等。许多员工可能缺乏这些技能，或者对数字化转型持抵触态度。这可能会导致员工无法胜任新的工作要求，或者无法积极参与数字化转型的推进工作。

四、财务风险

（1）资金筹措是数字化转型的首要任务。由于数字化转型涉及的技术研发、设备购置、人员培训等多个方面都需要大量的资金投入，因此，企业需要寻找多元化的资金来源，如银行贷款、政府补贴、风险投资等。这些资金来源都存在一定的风险，如利率波动、政策变化、市场风险等，企业需要充分考虑这些风险，并制定相应的应对策略。

（2）预算控制是数字化转型过程中的关键环节。企业需要制定详细的预算计划，确保每一笔资金都能得到合理的使用。由于数字化转型的复杂性和不确定性，预算计划往往难以完全准确。因此，企业需要建立灵活的预算调整机制，根据实际情况及时调整预算计划，确保资金的合理使用。

（3）投资回报是数字化转型的最终目标。由于市场环境和技术发展的不确定性，投资回报可能存在一定的风险。企业需要制定科学的投资回报评估体系，对数字化转型的投资进行全面的评估和分析。企业还需要建立有效的激励机制，激发员工的积极性和创造力，提高数字化转型的成功率和投资回报率。

（4）在财务风险的评估中，企业还需要特别关注资金管理和成本控制。数字化转型过程中，企业需要加强资金管理，确保资金的流动性和安全性。同时要严格控制成本，避免不必要的浪费和损失，包括优化采购流程、提高设备利用率、降低人工成本等方面。

第四章

配电网数字化转型的关键技术与应用

第一节 无人机技术在配电网中的应用

一、无人机技术在配电网巡视监测中的应用

传统的配电网监测方式主要依赖于人力，不仅效率低下，需要耗费大量的人力物力，而且在面对高风险区域时，如高压线、高塔等，还存在显著的安全隐患。随着科技的飞速发展，无人机已经成为保障电力系统安全运行的得力助手。它们可以搭载高清摄像头、红外热像仪等先进的传感器设备，对配电网设备进行全方位、无死角的巡视。无论是矗立在城市天际线的高压变压器，还是穿越山林的复杂线路，无人机都能轻松到达，捕捉到清晰、详尽的图像数据，这些数据对于及时发现设备的微小变化、热异常等潜在问题至关重要。这些实时采集的数据通过无线传输技术迅速回传至地面控制中心，专业的分析团队会对这些数据进行深入分析和处理，以便尽早识别出可能存在的安全隐患和设备故障，从而大幅提高了故障的预防和处理能力。无人机还配备了自主飞行和智能避障功能，能够在复杂多变的环境中自主规划飞行路径，避免碰撞，确保巡视任务的顺利完成，极大地提高了巡视的效率和安全性。

二、无人机技术在配电网故障定位中的应用

在现代电力系统中，配电网的稳定运行是保障社会经济正常运转的关键。由于各种原因，如设备老化、自然灾害、人为破坏等，设备故障在配电网中时有发生，这些故障往往会导致大面积的停电事故，对人们的生产生活带来严

重的不便，甚至可能引发一系列次生问题，如通信中断、生产停滞、生活设施失效等。因此，如何在最短的时间内准确地定位并修复故障点，对于恢复供电，减少经济损失，保障社会秩序具有至关重要的意义。随着科技的快速发展，无人机技术在配电网故障检测和定位中发挥了不可忽视的作用。当配电网发生故障时，无人机可以凭借其灵活、快速的特性，迅速穿越复杂的地理环境，飞抵故障区域。其搭载的高精度传感器设备，如红外热像仪、可见光相机、电磁感应器等，能对故障点进行全方位、多角度的扫描和分析，即使在恶劣的天气或夜间条件下，也能准确识别出故障源，极大地提高了故障定位的精度。

三、无人机技术在配电网物资投送中的应用

在现代电力系统的运维管理中，物资配送是保障设备正常运行的关键环节。尤其在面对复杂多变的电网环境，如自然灾害导致的线路损坏、设备故障等紧急情况时，快速、准确的物资投送显得尤为重要，它直接影响到电力供应的恢复速度和稳定性，以及可能造成的经济损失。近年来，随着无人机技术的快速发展，这一问题找到了新的解决途径。无人机凭借其灵活、高效、精准的特性，正在逐步改变配电网的物资配送方式。无人机可以搭载专门设计的物资投放装置，如小型吊舱或精确投放系统，能够承载从绝缘子、导线到小型设备等多种类型和重量的物资。在紧急情况下，无人机可以在短时间内飞抵指定位置，实现快速投放，大幅缩短了物资配送的时间，提高了响应效率。

随着科技的飞速进步，无人机技术在各个领域的应用日益显现，尤其在配电网运维中，其潜力和影响力正在逐步增强。无人机技术的持续发展和优化，使其能够执行更为复杂精细的任务，如自动巡检，利用高精度的摄像头和传感器，对输电线路、变电站等设备进行实时监测，及时发现并报告任何异常情况。无人机的智能诊断能力也将得到大幅提升。通过集成人工智能算法，无人机可以对收集到的数据进行深度分析，识别出潜在的故障模式，甚至预测设备的未来性能，从而提前进行维修或更换，避免因设备故障导致的电力中断。无人机的自主充电能力也将得到改善，未来可能通过无线充电技术或与充电站的自动对接，实现长时间的空中作业，无需频繁地返回地面进行充电。无人机将与物联网、大数据、云计算等先进技术深度融合，构建起全面的智能电网监控系统。通过物联网设备，无人机可以实时将收集到的

数据传输到云端，利用大数据分析技术进行处理和存储，为运维人员提供准确、全面的决策支持。通过智能算法，系统可以自动识别故障模式，优化运维策略，提高故障处理的效率和准确性，从而显著提升配电网的运行效率和安全性。

四、无人机技术在配电网激光点云的地理数据服务分析中的应用

1. 数据采集

无人机搭载激光雷达系统可以高效地获取配电网的三维空间信息。它能够突破地形和人工难以到达区域的限制，深入到复杂的配电网环境中，如山区、跨越河流等的线路部分，获取高精度的激光点云数据。相比传统的人工测量和地面测量设备，无人机采集数据的速度更快，范围更广，能在短时间内覆盖大面积的配电网区域，极大地提高了数据采集效率。

2. 数据处理与分析

对于采集到的激光点云数据，通过专业软件可以进行处理。首先是点云的滤波，去除噪声点和无关的背景点，提高数据质量。然后进行配准和拼接，将不同视角、不同飞行轨迹下获取的点云数据整合为一个完整的配电网三维模型。在这个模型基础上，可以分析配电网的地理特征，如杆塔的位置、高度、倾斜度，电线的弧垂等。通过与地理信息系统（GIS）结合，还能将这些数据与地形、土地利用等地理数据关联起来，为配电网的规划、维护和故障诊断提供全面的地理数据服务。例如，根据激光点云数据可以精确计算出杆塔之间的距离、高差，分析线路与周边环境的安全距离是否符合标准，提前发现潜在的安全隐患。

3. 辅助决策功能

基于无人机采集和处理后的激光点云地理数据，电力部门可以做出更科学的决策。在配电网的规划阶段，利用这些数据可以优化线路的走向，选择更合适的杆塔位置，避免与其他基础设施或自然障碍物冲突。在运行维护中，通过定期的无人机激光点云数据采集和分析，可以及时发现杆塔的老化、变形，电线的磨损等问题，合理安排维修和更换计划。此外，在应对自然灾害或突发事件时，这些数据可以帮助快速评估配电网的受损情况，指导抢修工作，提高恢复供电的效率。

五、无人机技术在配电网平台侧中的应用

1. 巡检与监测

无人机在配电网平台侧的巡检应用非常广泛。它可以按照预设的航线自动飞行，对配电网的设备和线路进行近距离、高分辨率的图像和视频采集。通过安装在无人机上的高清摄像头、红外热成像仪等设备，可以检测设备的外观缺陷，如绝缘子的破损、金具的腐蚀等，还能通过红外热成像分析设备的发热情况，及时发现潜在的故障点。例如，在夏季用电高峰期间，利用无人机的红外巡检功能，可以快速定位发热的变压器、开关等设备，避免因过热引发的停电事故。而且，无人机可以实现定期巡检和不定期的特殊巡检，如在恶劣天气过后对配电网进行检查，确保其安全运行。

2. 通信与数据传输

无人机可以作为配电网平台侧的临时通信节点。在一些偏远地区或者通信基站覆盖不足的地方，当配电网出现故障需要紧急通信时，无人机可以携带通信设备升空，建立起临时的通信链路。它可以将现场的故障信息、设备状态数据等传输回控制中心，同时也能接收控制中心的指令，实现双向通信。此外，无人机还可以在配电网的不同设备之间进行数据中继传输，确保数据的完整性和及时性，保障配电网自动化系统的正常运行。

3. 安全防护与应急响应

在配电网平台侧，无人机可用于安全防护。它可以对配电网周边区域进行监控，防止非法入侵、破坏等行为。一旦发现异常情况，如有人靠近杆塔或在电力线路附近进行危险作业，可以及时发出警报并将信息反馈给相关部门。在应急响应方面，当配电网发生故障，如杆塔倒塌、电线断裂等情况，无人机可以快速到达现场，评估事故的严重程度和范围，为应急抢修队伍提供准确的现场信息，协助制定抢修方案，同时可以在抢修过程中进行实时监控，保障抢修人员的安全。

六、无人机航母在配电网中的应用

无人机航母为无人机提供了一个可移动的起降平台。在配电网覆盖范围广、地形复杂的情况下，无人机航母可以部署在合适的位置，如靠近大型配电网枢纽或者线路延伸方向的关键节点。无人机从航母上起飞，可以大大延长其作业

半径，突破了传统无人机因电量限制而导致的作业范围狭窄问题。例如，在对长距离的跨区域配电网线路进行巡检时，无人机航母可以沿着线路移动，让无人机多次起降，实现对整个线路的连续监测，提高了对配电网远距离和大面积区域的覆盖能力。

无人机航母可以作为多架无人机协同作业的指挥和调度中心。在配电网的大规模检修、故障排查等复杂任务中，可以同时派出多架不同功能的无人机，如有的携带检测设备，有的携带维修工具。航母平台可以协调这些无人机的飞行路径、作业顺序和数据交互。通过集中管理和控制，提高多机协同作业的效率和安全性，避免无人机之间的碰撞和干扰，确保各项任务有序进行。例如，在对一个大型配电网变电站进行全面检修时，多架无人机可以从航母上起飞，分别对不同区域的设备进行检查、维护和数据采集，然后将信息汇总到航母平台进行分析和处理。

在应对配电网突发重大灾害或紧急情况时，无人机航母具有重要的应急保障作用。它可以迅速被运输到受灾区域附近，快速部署无人机进行应急救援和评估工作。例如，在遭受台风、地震等自然灾害后，配电网可能遭受大面积破坏，无人机航母可以在短时间内启动，释放无人机对受损的线路、杆塔进行快速勘查，确定抢修的重点和优先顺序，为后续的大规模抢修工作提供及时准确的信息，减少停电时间和损失。

第二节　数字孪生技术在配电网中的应用

数字孪生技术的核心理念是，通过创建一个与实体世界精确匹配的虚拟模型，实现对实体系统的实时镜像、预测分析和优化操作。在电力行业，尤其是配电网管理中，数字孪生技术的应用潜力巨大，它为实现智能、高效、安全的电力运营提供了新的可能。

在配电网中，数字孪生技术能够构建一个与真实配电网动态同步的虚拟模型。这个虚拟配电网不仅包含了物理电网的所有设备、线路、负荷等信息，还能够实时接收和处理来自传感器、SCADA 系统等设备的大量数据，如电压、电流、功率等运行参数。通过高级的建模和仿真算法，虚拟配电网可以精确模拟实际电网的运行状态，无论是正常运行条件，还是故障、扰动等异常情况。

利用这种实时的、动态的数字孪生模型，电力运营商可以实现对配电网的深度监控和精细化管理。例如，通过预测分析，可以提前发现潜在的设备故障或电网瓶颈，从而进行预防性维护，减少非计划停机时间。在应对突发事件时，如自然灾害或黑客攻击，数字孪生技术可以帮助快速定位问题，制定并执行最优的应对策略。通过持续的模型优化，可以实现配电网的能效提升，降低运营成本，提高供电质量和服务水平。

一、数字孪生技术在配电网规划与设计中的应用

数字孪生技术在配电网规划阶段的应用，极大地提升了方案评估的精确度和效率。通过建立详细的虚拟模型，工程师可以模拟不同规划方案下的配电网运行情况，包括电力流、电压稳定性、电能质量等多个关键指标。这使得我们能够更全面地比较和分析各种方案的优劣，从而选择出最符合实际需求和经济效益的规划策略。

数字孪生技术在负荷预测和容量规划方面也发挥着重要作用。它可以模拟配电网在不同负荷条件下的运行状态，例如在高峰期和低谷期的电力需求变化。通过这些模拟，可以更准确地预测未来可能面临的挑战，如设备过载、电压波动等问题，从而提前进行设备升级或容量扩展的规划，确保配电网的稳定运行。

数字孪生技术在配电网的故障管理和风险评估中也扮演着重要角色。通过模拟各种可能的故障场景，如设备故障、线路中断等，可以评估配电网的故障恢复能力，以及在故障发生时的稳定性。这不仅有助于提前识别潜在的风险点，进行预防性维护，还可以优化故障应急响应策略，缩短故障恢复时间，提高配电网的可靠性。

二、数字孪生技术在配电网运维中的应用

数字孪生技术构建的虚拟模型如同配电网的"镜像"，能够实时反映设备的运行状态。一旦设备出现异常或故障，该技术能迅速定位问题所在，就如同医生诊断疾病一般，为运维人员提供精确的故障信息和处理建议，大幅缩短了故障响应时间，提高了运维效率。例如，根据 IBM 的研究，应用数字孪生技术的故障预警系统可以提前 72h 预测到 90% 的设备故障。

数字孪生技术在设备管理中的应用同样显著。通过收集和分析设备的运行数据，如电流、电压、温度等参数，可以预测设备的剩余寿命和故障率，为设

备的预防性维护提供科学依据。根据通用电气的报告,采用预防性维护策略,可以降低设备故障率高达30%,同时延长设备使用寿命,从而降低了运维成本,提高了配电网的经济效益和可靠性。

数字孪生技术在优化调度和能源管理方面也展现出强大的潜力。在配电网调度中,通过模拟不同运行方案,可以评估其对电网稳定性、效率和成本的影响,从而选择最优的运行策略。随着可再生能源和分布式能源的快速发展,数字孪生技术能够有效地管理这些能源的接入,优化储能设备的使用,实现电网的绿色、智能运行,为构建低碳、可持续的能源系统提供有力支持。

三、数字孪生技术在配电网仿真培训中的应用

数字孪生技术在配电网仿真培训中具有多方面的应用,主要包括以下几个方面。

1. 精确建模与场景模拟

(1)配电网物理模型构建。数字孪生技术可以精准地构建配电网的物理模型,包括电力线路、变压器、开关设备等各种电气元件的几何形状、物理特性、电气参数等信息。这使得培训人员能够在虚拟环境中直观地了解配电网的物理结构和组成,为后续的仿真培训提供基础。例如,通过三维建模技术,可以将配电网的设备和线路以逼真的形式呈现出来,培训人员可以全方位地查看设备的外观和内部结构。

(2)运行场景模拟。能够模拟配电网在不同运行条件下的场景,如正常运行、故障状态、负荷变化等。培训人员可以设置不同的参数,如负荷大小、故障类型和位置等,观察配电网的运行状态和响应。比如,模拟在高峰负荷时段配电网的电压变化、电流分布等情况,或者模拟线路短路故障时的电流冲击和电压跌落等现象,帮助培训人员更好地理解配电网在各种情况下的运行特性。

2. 故障模拟与分析

(1)故障设置与复现。可以方便地设置各种类型的故障,如短路、断路、接地故障等,并能够准确地复现故障发生的过程和现象。培训人员可以在虚拟环境中进行故障排查和处理的训练,提高应对故障的能力。例如,设置一个变压器内部短路故障,培训人员需要通过分析虚拟模型中的电气参数变化、保护装置的动作情况等,来确定故障的位置和原因,并采取相应的修复措施。

(2)故障影响评估。对故障发生后对配电网的影响进行评估,包括故障对

电力供应的影响范围、对设备的损害程度、对电能质量的影响等。这有助于培训人员了解故障的严重性和后果，制定合理的故障处理策略。比如，通过数字孪生模型分析某一区域的线路故障对周边用户的停电影响，以及故障对该区域电网的稳定性和可靠性的破坏程度。

（3）故障溯源与分析。记录故障发生前后配电网的运行数据和状态信息，以便进行故障溯源和分析。培训人员可以通过查看这些数据，了解故障的发生过程和原因，总结经验教训，提高故障预防和处理的能力。例如，分析某一故障发生前的负荷变化、设备运行状态等因素，找出导致故障的潜在原因。

3. 培训过程的实时监测与评估

（1）操作行为监测。实时监测培训人员在仿真培训过程中的操作行为，包括对设备的操作、对参数的设置、对故障的处理等。这可以帮助培训教师及时发现培训人员的错误操作和不当行为，并进行纠正和指导。例如，当培训人员在处理故障时选择了错误的操作步骤，系统可以及时发出提示，提醒培训人员改正。

（2）培训效果评估。根据培训人员的操作表现和对配电网运行状态的理解程度，对培训效果进行评估。评估指标可以包括故障处理的时间、准确性、对配电网运行原理的掌握程度等。通过评估结果，培训教师可以了解培训人员的学习情况，调整培训内容和方法，提高培训质量。

4. 智能辅助决策与优化

（1）决策支持。在培训人员进行故障处理和运行管理决策时，数字孪生系统可以提供智能辅助决策支持。系统根据配电网的实时状态和历史数据，分析各种决策方案的可行性和效果，并给出建议。例如，当培训人员面临多种故障处理方案时，系统可以根据故障类型、设备状态等因素，推荐最优的处理方案。

（2）运行优化建议。对配电网的运行进行优化分析，提供运行方式调整、设备配置优化等方面的建议。培训人员可以通过学习这些优化建议，提高配电网的运行效率和可靠性。比如，系统分析发现某一区域的配电网存在负荷不均衡的情况，建议调整变压器的分接头位置或重新分配负荷，以提高电网的运行效率。

5. 协同培训与远程教学

（1）协同培训。支持多人同时参与的协同培训，培训人员可以在虚拟环境中进行团队协作，共同处理配电网的故障和运行管理问题。这有助于提高培训人员的团队协作能力和沟通能力。例如，在模拟某一大型配电网故障时，多个培训人员可以分别扮演调度员、运维人员、检修人员等角色，共同协作完成故障处理任务。

（2）远程教学。借助网络技术，实现远程教学和培训。培训人员可以在不同的地点通过网络连接到数字孪生系统，进行配电网仿真培训。这为异地培训和在线学习提供了便利，扩大了培训的范围和受众。

第三节　物联感知技术在配电网中的应用

一、物联感知技术在实时监测与数据分析中的应用

物联感知技术的核心在于其强大的实时监测能力，能够对配电网中的各种设备和环境进行无间断的参数采集。这些海量的数据通过安全的通信网络实时传输到控制中心，应用专门的分析软件对这些数据进行深度挖掘和智能解析。它们可以识别出微小的异常信号，比如设备温度的微弱升高，电流的微弱波动，都可能预示着潜在的运行问题或故障风险。这种预测性维护的能力，极大地提高了配电网的运行效率和安全性。

二、物联感知技术在故障预警与快速响应中的应用

物联感知技术通过在配电网中部署大量的传感器，能够实时、准确地监测设备和线路的运行状态，从而实现对配电网的精细化管理。当这些传感器检测到设备温度异常、电压波动、电流异常等参数变化时，会立即向控制中心发送预警信号。控制中心接收到这些预警信息后，通过高级的数据分析和智能算法，迅速判断出故障的可能原因、严重程度以及具体位置。例如，如果预警信号显示某条线路的电流突然增大，控制中心可能判断为线路短路，从而立即启动应急预案，关闭故障线路，同时启动备用线路，以确保电力供应的连续性。

物联感知技术的应用，极大地提高了配电网的故障处理效率。在传统模式下，故障的发现和定位可能需要数小时甚至更长时间，而通过物联感知技术，这一过程可以缩短到分钟级别，极大地减少了故障对供电质量的影响。据相关研究显示，采用物联感知技术的配电网，故障处理时间可以降低 60% 以上，极

大地提高了电力系统的运行效率。

三、物联感知技术在能源管理与优化中的应用

物联感知技术能够深入剖析设备的能耗模式。通过收集和分析设备的运行数据，可以精确地了解设备的能耗特点，找出能耗高的环节和时段。例如，对于工业生产中的大型机械设备，可能在特定的工作模式下能耗极高，通过调整其工作参数，如优化运行时间、调整工作负荷，甚至引入先进的节能技术，如变频驱动、热能回收等，都能显著降低其能耗，实现节能目标。

物联感知技术在可再生能源的接入和管理中也发挥着关键作用。随着全球对清洁能源需求的增长，如何有效地整合和利用太阳能、风能等可再生能源成了一大挑战。通过在可再生能源设备上安装传感器，可以实时获取其发电量、效率和设备状态等信息，这些数据可以接入到配电网的管理系统中，实现对可再生能源的动态调度和优化配置。这样不仅能够最大化地利用可再生能源，降低其因波动性带来的影响，还能减少对化石燃料等传统能源的依赖，促进能源结构的绿色转型。

物联感知技术的应用还能为配电网的故障预警和维护提供有力支持。通过实时监测设备的运行状态，可以提前发现潜在的故障隐患，及时进行维修，避免因设备故障导致的能源浪费和供电中断。通过对大量数据的深度学习和智能分析，可以预测电网的负荷变化，优化电力调度策略，提高电网的稳定性和可靠性。

四、智能化管理与决策支持中的应用

在日常运行中，控制中心可以借助物联感知技术获取的实时数据，全面了解配电网的运行状况，包括电力负荷、电压水平、设备状态等关键指标。例如，在负荷高峰期，如冬季取暖或夏季制冷的高峰期，控制中心可以根据这些实时数据，精确预测并调整发电厂的出力和输电线路的输送能力，以确保电力供应的充足和稳定，避免因负荷过大导致的停电事故。物联感知技术还为配电网的长期规划提供了强大的数据支持。通过收集和分析大量的历史数据，结合气候、经济、社会等因素，可以预测未来数年的电力需求趋势和负荷变化模式。这些预测结果为配电网的扩建、改造、设备更新等决策提供了科学依据，有助于提高电网的运行效率，降低运行成本，同时也有利于实现电力系统的可持续发展。物联感知技术的应用还能够实现故障的早期预警和快速定位。一旦设备出现异

常，传感器会立即捕捉到这些信号，并将信息实时传输到控制中心，使得维护人员能在故障扩大之前进行干预，大幅缩短了故障恢复时间，提高了电力服务的可靠性。

第四节　数据挖掘技术在配电网中的应用

一、数据挖掘技术在故障分析与预防中的应用

借助先进的数据挖掘技术，如关联规则挖掘、分类分析、聚类分析等多种算法，可以从繁杂的故障数据中提炼出有价值的信息，以揭示故障发生的模式和诱因，从而提升电力系统的稳定性和可靠性。

利用关联规则挖掘能发现设备故障与运行环境、设备寿命、运行时间等多维度因素之间的微妙关联。例如，通过历史数据，可能发现设备在特定气候条件下，如高温或高湿环境，更容易发生故障，这为优化设备运行环境提供了重要线索。

分类分析能够将故障数据按照不同的特征，如故障类型、故障部位、故障发生时间等，进行细致的分类。这有助于识别各类故障的共性特征，比如某种类型的故障可能在特定的时间段内更易发生，或者在特定的设备部位更常见。分类分析也能找出各类故障之间的差异，以便采取更有针对性的预防措施。

聚类分析能将具有相似特征的故障数据聚集在一起，揭示出故障之间的内在联系和规律。例如，某些设备可能因为共同的设计缺陷或使用了相同的零部件，导致它们在故障表现上呈现出一致性。这样的发现对于批量处理故障、优化设备设计或改进维护策略具有重大意义。

二、数据挖掘技术在负荷预测中的应用

负荷预测旨在通过科学的分析手段，预测未来的电力需求，以便电力公司能够提前规划和调整发电、输电和配电策略。这不仅关乎经济效益，更关乎电力系统的稳定性和可靠性。运用数据挖掘技术先进的统计和机器学习方法，如时间序列分析、回归分析和神经网络，可以对大量的历史负荷数据进行深度挖掘和解析。时间序列分析可以识别出负荷数据中的周期性模式，如日间和季节

性变化。回归分析则可以帮助理解影响负荷的各个因素之间的关系，如温度、湿度、经济活动等。而神经网络则能够捕捉到负荷数据中的复杂非线性关系，提高预测的准确性。储能设备如电池储能系统和超级电容器，可以在负荷高峰时释放存储的电能，平衡供需，防止电网过载。通过预测负荷情况，可以更有效地调度这些设备，减少过度依赖传统发电设施，同时也能在电网故障或突发事件时提供紧急电力支持，增强电力系统的灵活性和韧性。

三、数据挖掘技术在能源管理中的应用

能源管理涵盖了从能源的高效分配、智能调度到节能策略的制定等多个层面。在日益复杂和动态的配电网环境中，数据挖掘技术正逐渐成为提升能源管理效能的关键工具。这种技术能够从海量的能源数据中提取有价值的信息，为优化能源使用和提高能源效率提供科学依据。

数据挖掘技术能够深入分析历史的能耗数据，揭示出设备在不同时间、不同工作状态下的能源消耗模式。例如，通过对工业生产设备的能耗数据进行挖掘，可以发现某些设备在特定时间段或特定工作模式下的能耗异常，这些都是潜在的节能优化点。进一步，通过对这些数据的深入挖掘和建模，可以预测未来可能的能耗趋势，为制定节能策略提供前瞻性的指导。基于这些分析结果，可以采取一系列的节能措施。例如，调整设备的工作参数，使其在保证生产效率的同时尽可能降低能耗；优化设备的运行时间，避免在电网负荷高峰期间运行高能耗设备；甚至可以考虑更换能效更高的设备，以实现长期的节能目标。研究表明，通过这种方式优化能源管理，可以显著降低配电网的能耗，提高能源利用效率，节能效果甚至可以达到 10%~30%。

四、数据挖掘技术在智能化管理中的应用

数据挖掘技术深入分析和处理配电网中产生的海量数据，为实时监控、预警和调度提供了强大的工具，从而极大地提升了配电网的运行效率和稳定性。在配电网中，设备的运行状态、电力负荷、电压电流等数据不断产生。通过数据挖掘，这些数据可以被实时分析，以揭示出可能影响电网稳定运行的潜在问题。传统的配电网管理中，故障往往在发生后才能被发现，这可能导致电力供应中断，影响用户的正常用电。数据挖掘技术能够提前预测设备故障，为运维团队提供预防性维护的时间窗口，从而降低故障发生率，提高配电网的可靠性。

借助于高级的算法，可以对收集到的数据进行深度学习和模式识别，以优化电力分配，平衡供需，甚至预测和应对突发的电力需求变化。例如，在大型活动或极端天气可能导致电力需求激增的情况下，通过数据挖掘进行智能调度，可以提前调整电网运行策略，避免因供需失衡造成的停电问题。

五、数据挖掘技术在气象数据与配电网数据联合分析中的应用

1. 数据挖掘技术的应用方式

（1）数据预处理。在对气象数据和配电网数据进行联合分析时，首先要进行数据预处理。气象数据可能包括温度、湿度、风速、气压、降水等多种类型，来源广泛且格式多样，可能存在数据缺失、异常值等问题。对于配电网数据，如电压、电流、功率、故障记录等，也需要进行清洗。例如，通过插值法填补气象数据中的少量缺失值，对配电网数据中的错误电流值（明显超出正常范围）进行识别和修正，从而为后续挖掘工作提供高质量的数据基础。

（2）特征选择与提取。从大量的气象和配电网数据中选取与分析目标相关的特征。对于预测配电网故障问题，可能选择的气象特征包括极端温度、强风等，配电网特征有过载历史、设备老化程度等。利用主成分分析等方法对这些特征进行提取，减少数据维度，提高挖掘效率。例如，通过主成分分析将多个相关的气象要素综合成几个代表性的主成分，同时将配电网中复杂的设备运行参数转化为关键的几个特征值。

（3）关联规则挖掘。挖掘气象数据和配电网数据之间的关联规则。例如，发现当湿度超过 80% 且温度为 25~30℃时，配电网中某区域的漏电故障发生率显著增加。这种关联规则可以帮助电力部门提前做好应对措施，如加强该区域的巡检等。通过 Apriori 算法等关联规则挖掘算法，可以在大量的数据中找出频繁项集，进而确定这些有价值的关联。

（4）聚类分析。将气象和配电网数据按照一定的相似性进行聚类。例如，根据不同的气象条件（如不同季节的典型气象模式）和配电网运行状态（正常运行、故障频发等）将数据分成不同的簇。这样可以更好地理解不同类型情况下配电网与气象的关系，对于针对性的配电网规划和维护有指导意义。K-means聚类算法可以根据设定的聚类中心数量，将数据点划分到不同的类别中。

（5）预测模型构建。利用机器学习算法构建基于气象数据的配电网运行状态预测模型。如使用神经网络算法，以历史气象数据和配电网故障数据为训练

样本，建立预测未来一段时间内配电网故障概率的模型。支持向量机也可用于分类预测，比如预测在特定气象条件下配电网是正常运行还是可能出现某种类型的故障。

2. 典型案例

【案例 1】台风天气下的配电网故障预测与预防。

在沿海地区，台风是对配电网影响较大的气象灾害。电力公司收集了多年来台风期间的气象数据（包括台风路径、风速、降雨量等）以及配电网故障数据（故障地点、故障类型、停电范围等）。

通过数据挖掘中的关联规则挖掘技术，发现当台风中心距离配电网某区域 200km 以内，风速超过 12 级且降雨量每小时超过 50mm 时，该区域的杆塔倒塌和线路断线故障发生率高达 80%。基于此，电力公司在台风季节来临前，对处于高风险区域的杆塔进行加固，修剪靠近线路的树木，并提前安排应急维修队伍和物资。同时，利用预测模型，根据实时台风路径和强度预测，进一步精确预估可能出现故障的线路和设备，合理安排停电检修计划，有效减少了台风期间的停电时间和范围，提高了供电可靠性。

【案例 2】高温天气与配电网过载分析及应对。

在夏季高温时期，某城市的配电网经常出现过载问题。电力部门收集了温度、湿度等气象数据以及配电网的负载电流、电压等数据。

通过聚类分析，将高温天气分为不同的等级（如 35~37℃为轻度高温、38~40℃为中度高温、40℃以上为重度高温），并结合配电网的过载情况。发现当温度达到重度高温且湿度低于 30% 时，配电网中某些老旧小区的变压器过载故障率大幅上升。于是，电力部门在这些小区安装了智能监测设备，实时监控变压器负载情况。同时，在高温天气来临前，对可能过载的变压器进行增容或更换，调整了配电网的运行方式，如合理分配负载，有效避免了因高温导致的大规模停电事故，保障了居民在炎热夏季的正常用电。

【案例 3】冬季低温雨雪天气与配电网绝缘子闪络故障防范。

在北方冬季，低温雨雪天气较多。电力公司分析了该地区的气象数据（温度、降雪量、冻雨情况等）和配电网绝缘子闪络故障数据。

通过特征选择和关联规则挖掘，确定了在温度低于 –5℃且出现冻雨天气时，配电网绝缘子表面污秽受潮，闪络故障风险急剧增加。据此，电力公司在冬季来临前，对处于易出现冻雨区域的绝缘子进行了防污闪涂料的喷涂，并加强了对这些区域绝缘子的巡检力度。当预测到低温冻雨天气即将到来时，提前安排人员对重点绝缘子进行检查和除冰作业，显著降低了绝缘子闪络故障的发生率，保障了配电网在恶劣冬季气象条件下的稳定运行。

第五节　区块链技术在配电网中的应用

区块链技术的核心在于，利用复杂的密码学原理，确保了数据的完整性和真实性，使其无法被随意篡改或伪造。区块链的去中心化特性，打破了传统数据存储和传输的模式，实现了信息的透明共享和高效流通。

在配电网中，数据的安全性和准确性至关重要。区块链技术的引入，可以构建一个去中心化、可信的数据库，所有交易记录一旦写入，就无法被修改，极大地提高了数据的安全性。通过智能合约，可以自动执行预设的规定和操作，如自动结算电费，进一步提高了运营效率。

区块链的透明性也有助于提升配电网的管理效率。所有的交易记录对所有参与者开放，但又保护了个人隐私，这使得电网的运营更加公开透明，有助于预防和解决可能的纠纷。例如，如果发生电力供应问题，可以通过区块链的记录快速定位问题所在，提高故障处理速度。

一、区块链技术在配电网能源交易中的应用

传统的电网能源交易模式往往受到中心化体系的限制，导致交易过程中的诸多不便。在这样的体系中，交易成本往往被中间环节的费用所抬高，消费者需要承担额外的经济负担。由于交易信息的不透明，市场公平性难以得到保障，消费者对价格的公正性往往持有疑虑。中心化的平台在处理交易速度和效率上也存在瓶颈，无法满足现代社会对即时性的需求。

区块链技术的出现，为能源交易的困境提供了一种创新的解决方案。它构建了一个去中介化的交易环境，允许能源生产者和消费者直接进行点对点的交易。例如，一个社区的居民可以通过区块链平台，将自家太阳能板产生的多余电力直接销售给邻居，省去了传统模式下需要通过电力公司的繁琐步骤，大幅降低了交易成本，提升了交易效率。

区块链的分布式特性确保了交易数据的安全性和不可篡改性。每一笔交易

都会被记录在区块链的各个节点上，通过加密算法进行保护，任何人都无法单独修改交易记录，从而保证了交易的透明度和公正性。这种公开的交易历史使得所有参与者都能验证交易的合法性，进一步增强了市场公平性，有助于建立更加开放、可信的能源交易生态系统。

二、区块链技术在配电网设备身份认证中的应用

区块链技术为每个配电网设备分配一个唯一的数字身份。这个身份标识可以包含设备的型号、序列号、生产厂家等关键信息，确保每个设备在区块链上都有一个独一无二的身份。通过将这些信息记录在区块链上，可以形成一个不可篡改的、可追溯的设备身份数据库。

基于区块链的设备身份认证机制，可以有效防止设备被伪造或篡改。由于区块链的分布式账本特性，一旦设备信息被记录在区块链上，任何试图篡改或伪造的行为都会在全网范围内被检测和阻止。这使得恶意攻击者难以伪造设备身份或篡改设备信息，从而大幅提高了配电网的安全性。

区块链技术还可以提高设备的可追溯性和管理效率。通过查询区块链上的设备身份记录，可以轻松地追踪设备的来源、生产批次、维修记录等信息。这不仅有助于及时发现和解决问题设备，还可以为设备的维修、更换等后续工作提供便利。区块链的去中心化特性还可以减少中心化管理的复杂性和成本，提高配电网设备管理的效率。

三、区块链技术在配电网数据共享中的应用

区块链以其去中心化、分布式、不可篡改和透明可追溯的特性，为数据共享提供了一个全新的解决方案。在配电网中，区块链技术可以构建一个分布式的数据共享平台，这个平台可以确保数据的安全性和隐私性，同时提高数据的共享效率和可信度。

在基于区块链的配电网数据共享平台上，所有的数据都被加密存储，并且以区块的形式记录在区块链上。这意味着数据在传输和存储过程中都得到了充分的保护，防止了未授权访问和数据篡改。区块链的分布式特性使得数据不再依赖于单一的中心节点，从而降低了单点故障的风险，提高了系统的稳定性和可靠性。

在数据共享方面，基于区块链的配电网数据共享平台采用了智能合约技术。

智能合约是一种自动执行的、基于区块链的计算机程序，它可以确保数据在特定的条件下被授权用户访问和使用。通过智能合约，平台可以实现自动化的数据访问控制和权限管理，从而大幅提高了数据共享的效率。

四、区块链技术在智能电网分布式账本构建中的应用

区块链技术通过构建一个去中心化、不可篡改、透明可查的分布式账本，为智能电网系统带来了诸多优势。首先，每个电网节点都可以作为一个账本节点参与数据的记录和验证，这意味着数据的产生和更新不再依赖于单一的中央机构，而是由所有节点共同参与。这样的机制极大地提高了数据的真实性和可信度，减少了数据被篡改或伪造的风险。

分布式账本可以实现电网资源的智能调度和优化配置。传统的电网调度系统通常依赖于人工操作和集中式的控制中心，而区块链技术可以通过智能合约等机制，实现电网资源的自动化调度和优化配置。智能合约是一种基于区块链技术的自动化执行程序，它可以根据预设的规则和条件，自动执行电网资源的调度和分配。不仅可以提高电网的运行效率，还可以降低人为操作带来的错误和风险。

区块链技术还可以提高智能电网的可靠性和安全性。由于分布式账本具有去中心化的特性，因此它可以在节点出现故障或受到攻击时，仍然保持系统的正常运行。区块链技术还可以实现对电网设备和资源的实时监控和追踪，从而及时发现和解决潜在的安全问题。

区块链技术还可以促进智能电网的可持续发展。随着可再生能源的普及和电动汽车等新型电力设备的增加，智能电网需要更加灵活和高效的资源管理方式。区块链技术可以通过构建能源交易平台等方式，实现能源的高效利用和共享，从而推动智能电网的可持续发展。

五、区块链技术在配电网应用中的挑战与展望

（一）区块链技术在配电网应用的挑战

1. 技术成熟度与稳定性

配电网是一个错综复杂的网络，它需要在 24 小时不间断的基础上，确保电力的稳定供应，以满足数以百万计的用户需求。在这个过程中，每天都会产生大量的交易数据和信息交换，任何微小的故障都可能导致大规模的停电，对社

会经济造成严重影响。因此，区块链技术在被接纳为配电网的核心组件之前，必须证明其在高负荷、高并发环境下的稳定性和高效性。目前，区块链技术已经在数据安全性、透明度和去中心化等方面展现出巨大的潜力。然而，面对配电网的严苛要求，现有的区块链解决方案在处理大规模数据和复杂交易时，其性能表现仍有待提升。据行业报告指出，一些区块链系统在高并发情况下的交易处理速度和数据存储能力仍有待优化，这可能会影响其在配电网中的实际应用效果。

2. 安全性与防护机制

区块链技术以其独特的分布式账本和加密算法，为提升电网安全性提供了新的可能。它能够确保数据的完整性和不可篡改性，从而增强了对恶意攻击的防御能力。然而，这并不意味着区块链技术在配电网中的应用可以高枕无忧。事实上，区块链并非绝对安全，其自身也存在如51%攻击、隐私泄露等潜在风险。如何在利用区块链技术的同时，构建出一套能够抵御外部威胁、防止数据泄露且能够适应配电网复杂环境的安全防护机制，是当前研究和应用的关键挑战。这需要我们深入研究区块链的内在安全机制，结合传统的安全防护手段，如防火墙、入侵检测系统等，形成多层次、全方位的防护体系。

3. 隐私保护与数据安全

区块链技术以其独特的去中心化、透明性和不可篡改性，为解决数据安全问题提供了新的思路。去中心化使得数据不再集中存储在单一的、易受攻击的中心节点，而是分散在网络的各个节点中，大大降低了数据被大规模窃取的风险。透明性则可以确保所有交易的公开公正，防止欺诈行为的发生。而不可篡改性则保证了数据的完整性和真实性，一旦数据被记录在区块链上，就无法被恶意修改或删除。在去中心化的网络中，所有交易信息对网络中的所有参与者都是可见的，这可能导致用户的个人信息暴露在不必要的风险中。例如，通过分析区块链上的交易记录，可能推断出用户的消费习惯、生活作息等敏感信息。因此，如何在利用区块链技术的优势的同时，有效防止隐私泄露，成了当前亟待解决的技术难题。

（二）区块链技术在配电网应用的展望

1. 技术创新与模式优化

未来将有更多基于区块链的创新应用模式涌现，如去中心化的能源交易市场、智能合约驱动的自动调度系统等。这些新模式将充分利用区块链的优势，打破传统能源交易的壁垒，实现能源的高效、公平和可持续利用同时，区块链的透明性和不可篡改性也将增强电网的安全性和可靠性，防止恶意攻击，确保电力系统的稳定运行。

2. 实际需求的结合与适应

需要关注的是如何将区块链技术与配电网的特性进行深度融合。区块链技术的核心优势在于其去中心化、透明化和不可篡改的特性，这为解决配电网中的数据安全、交易透明度和效率问题提供了新的可能。例如，通过区块链技术，可以实现电力交易的实时结算，提高电网运行的效率，同时保证数据的完整性和真实性。

优化区块链系统的性能和安全性是另一个关键问题。由于配电网的复杂性和大规模性，区块链系统需要具备高并发处理能力、快速响应时间和强大的安全防护机制。这需要我们在算法设计、系统架构优化和安全防护技术等方面进行持续的研究和创新。

保护用户的隐私和权益也是不能忽视的方面。在区块链技术的应用中，用户的数据安全和隐私保护是至关重要的。需要设计合理的数据加密和权限控制机制，确保用户数据的隐私性，同时保障用户的权益不受侵犯。

3. 行业合作与生态构建

区块链技术正在逐步渗透到配电网的各个层面，然而，要实现这一技术的全面应用，单靠个别企业的力量远远不够。这需要整个能源行业的深度合作与协同创新，共同构建一个开放、共享、安全的区块链生态系统。未来将有更多的公司以及科研机构投身于区块链技术的研发与应用。他们将共同制定行业技术标准，确保区块链技术的兼容性、稳定性和可扩展性。同时，法律法规的完善也将为区块链在配电网中的应用提供坚实的法律保障，防止可能出现的滥用和风险。在这个生态系统中，人才培养是至关重要的环节。需要培养一批既懂能源技术又精通区块链技术的复合型人才。此外，企业间的知识共享和经验交流也将加速技术的迭代和创新，促进区块链技术在配电网中的快速落地。

第五章

配电网数字化管理系统

第一节　数字化管理系统的架构与设计

一、系统架构

1. 硬件层

在电力系统的复杂架构中，最接近物理实体、直接与配电网设备交互的层次是基础设备层。这一层涵盖了各种各样的智能设备，感知并响应着电网的微小变化。传感器实时监测着电网的运行状态。智能电表不仅能够精确地计量用户的用电量，还能够实时反馈电网的电压质量、频率稳定性等信息，为电力公司的调度决策提供数据支持。断路器和开关等设备则能够在检测到异常情况时迅速切断电源，保护电网设备和用户的安全。这些智能设备收集的数据包括但不限于电压、电流、功率因数和电能消耗等，这些参数对于理解电网的运行状况、预测可能的故障、优化电力分配以及实现更高效的能源管理至关重要。据统计，通过这些设备收集的数据，电力公司可以提前预测并预防大约 30% 的电力故障，极大地提高了电力系统的稳定性和可靠性。

2. 数据采集与传输层

数据采集层的主要任务是有效地从各种硬件设备中收集和整理数据，这些设备可能包括传感器、监控设备、物联网（IoT）设备等，它们分布在全球各地，甚至在最偏远的角落。数据采集的过程并非一蹴而就，而是需要通过一系列复杂的通信技术来实现。有线通信技术（如光纤和以太网）以其高速、大容量和稳定性的特点，常被用于大规模、高密度的数据传输。无线通信技术（如Wi-Fi、ZigBee、LoRa 等）因其灵活性和部署的便捷性，尤其适用于难以布线或者需要低功耗的场景，如智能家居、智能城市等。数据在从硬件层传输到上层的过程中，可能会面临各种威胁，如数据篡改、窃取等。因此，数据传输过程中必须采取一系列的安全措施。数据编码是将原始数据转化为特定格式的过程，以便更有效地传输和处理。数据加密通过复杂的算法将数据转化为无法理解的形式，防止未经授权的访问。数据校验（如 CRC 校验或哈希校验）可以检测并纠正传输过程中可能产生的错误，确保数据的完整性。

3. 数据处理层

数据处理流程包括数据清洗、数据转换、数据存储和数据计算等多个环节，确保从下层收集到的数据能够以最优化的形式为上层应用服务。数据清洗是数据处理的第一步，在这个阶段，需要识别并去除数据中的噪声和错误，如不完整的记录、重复的数据、异常值等。根据 IBM 的研究，数据质量问题是数据分析项目失败的最常见原因，高达 88% 的项目都受到了数据质量问题的影响。因此，数据清洗是确保后续分析结果准确性的基础。在数据收集过程中，数据可能来自各种不同的源，格式各异，如 CSV、JSON、XML 等。为了使数据能够被统一处理，需要将这些数据转换为一致的格式。数据转换也可能包括单位转换、编码解码等操作，以满足特定应用的需求。清洗和转换后的数据需要被安全、有效地存储起来，以便后续的访问和分析。这通常涉及数据库和数据仓库的使用。数据库用于存储结构化的数据，如关系型数据库，而数据仓库则更适合存储大规模的、用于分析的历史数据，它们能够提供高效的数据检索和查询能力。数据计算是数据处理的核心，它涵盖了数据分析、数据挖掘等一系列对数据进行深度处理的活动。通过使用统计方法、机器学习算法等工具，可以从大量数据中提取出有价值的信息，发现隐藏的模式和趋势，为业务优化、市场预测等提供决策依据。

4. 应用层

监控模块实时收集并展示配电网的运行数据，包括电力输出、设备状态、网络负载等关键信息，使得运维人员能够随时随地了解电网的实时状况，无论何处的异常都能被迅速发现和处理，极大地提高了故障响应速度和修复效率。

分析模块利用先进的数据处理和分析技术，对历史运行数据进行深度挖掘，寻找隐藏的模式和趋势。例如，通过对比分析，可以发现某些设备在特定条件下的故障概率较高，或者某些时段的电力需求增长较快，这些洞察对于预防性维护和需求预测具有重要价值。

预测模块是基于历史数据和分析结果，运用机器学习和人工智能算法，对未来的电力需求、设备性能、可能的故障点等进行预测。这不仅有助于电力公司提前做好资源调配和维护准备，还可以避免因需求突增或设备故障导致的供电中断，从而提升电力服务的稳定性和客户满意度。

通过优化算法，优化模块对电网的运行策略进行动态调整，以实现效率的最大化。例如，优化调度策略可以平衡各区域的电力供需，减少过度发电或负荷过载的情况；优化设备的工作模式可以降低能耗，提高能效，同时延长设备的使用寿命，降低运维成本。

5. 用户交互层

在配电网管理系统中，用户界面要允许用户实时监控电网的运行状态，包括电流、电压、功率等关键参数，以及设备的运行情况，如变压器、线路等。这些实时数据对于预防故障、优化电网性能以及确保电力供应的稳定性和可靠性至关重要。用户还可以通过界面查看系统进行的各类分析结果，如负荷预测、故障诊断等，这些信息为决策制定和问题解决提供了有力的数据支持。用户界面不仅是一个信息展示的平台，还是用户进行操作的工具。用户可以设置和调整设备的运行参数，如设定电压调节值、调整负荷分配等，以满足特定的运行需求或应对突发情况。用户还可以通过界面远程控制设备的启停，如启动备用发电机、断开故障线路等，实现对电网的远程和实时管理。

二、系统设计

1. 模块化设计

模块化设计强调将复杂的系统分解为若干个相对独立、功能明确且相互关联的模块。每个模块都专注于完成一个或多个特定的功能，比如数据采集、分析处理、用户界面交互等。

模块化设计的优势显而易见。首先，它提高了系统的可维护性。当某个模块出现故障或需要更新时，可以单独对该模块进行维护或升级，而无需对整个系统进行全面改动，从而大幅减少了维护成本和风险。其次，模块化设计增强了系统的可扩展性。随着业务需求的不断变化和技术的不断发展，我们可能需要在系统中添加新的功能或修改现有功能。通过模块化设计，可以轻松地在现有系统的基础上添加或修改模块，以满足新的需求。

在配电网数字化管理系统中，模块化设计的应用尤为广泛。例如，可以将系统划分为数据采集模块、数据分析模块、故障预警模块、用户管理模块等。数据采集模块负责从各个配电网节点收集实时数据，数据分析模块则对这些数据进行分析处理，以提取有价值的信息。故障预警模块可以根据分析结果预测可能发生的故障，并提前向用户发出预警。用户管理模块则提供用户登录、权限管理等功能，确保系统的安全性和稳定性。

2. 标准化设计

遵循国家和行业的标准和规范是标准化设计的基础。这些标准和规范是经过长期实践和研究得出的，具有科学性和权威性。遵循这些标准和规范，可以确保系统在设计、开发、测试、部署等各个环节都符合行业的要求和期望。这不仅有助于提高系统的质量，还能够保证系统的合法性和合规性。

标准化设计有助于实现系统与其他系统的兼容性和互操作性。在配电网数字化管理系统中，往往需要与其他系统进行数据交换和信息共享。如果系统之间缺乏统一的标准和规范，就会导致数据格式不一致、接口不兼容等问题，从而增加系统集成的难度和成本。通过标准化设计，可以制定统一的数据格式、接口规范等，确保系统之间的无缝对接和高效协同。

标准化设计还可以降低系统开发和维护的成本。在系统设计阶段，通过遵循统一的标准和规范，可以避免重复劳动和浪费资源。在开发过程中，可以利用已有的标准组件和库函数，提高开发效率和质量。在系统维护阶段，由于系统内部遵循统一的标准和规范，可以方便地进行故障排查和修复，降低维护成本。

标准化设计有助于提高系统的可靠性和稳定性。通过遵循统一的标准和规范，可以确保系统在设计、开发、测试等各个环节都经过严格的验证和测试。这有助于发现和修复潜在的问题和缺陷，提高系统的健壮性和容错能力。标准化设计还可以降低系统出现故障的概率，确保系统能够长时间稳定运行。

3. 安全性设计

（1）数据加密。通过对系统中传输和存储的敏感数据进行加密处理，可以防止数据在传输过程中被窃取或在存储过程中被非法访问。加密技术的应用可以确保数据的机密性和完整性，防止数据泄露和篡改。

（2）用户权限管理。通过为用户分配不同的权限和角色，可以限制用户对系统资源的访问和操作范围。只有经过身份验证和授权的用户才能访问和修改系统中的数据，从而防止未经授权的访问和操作，保护系统的数据安全和运行稳定。

（3）防火墙。通过在系统边界设置防火墙，可以监控和过滤进出系统的网络流量，阻止未经授权的访问和恶意攻击。防火墙的配置应当灵活且严格，既要确保正常业务的顺畅进行，又要防止潜在的安全威胁。

4．易用性设计

（1）用户界面应直观、清晰。这意味着所有功能和选项都应当以直观的方式展现给用户，使用户能够迅速理解并找到所需的功能。界面设计应当简洁，避免过多的冗余信息和复杂的图形，以减少用户的认知负担。

（2）操作流程应尽可能简化。系统应提供明确的操作指引和提示，使用户能够按照预设的流程快速完成操作。对于常用的功能，可以设计一键式操作，以减少用户的操作步骤和时间。系统应当支持撤销和重做功能，以便用户在操作失误时能够迅速恢复。

（3）系统还可以提供详细的使用手册和在线帮助，以降低用户的学习成本和使用难度。使用手册应当全面介绍系统的功能和操作方法，并提供丰富的实例和截图，以帮助用户更好地理解系统。在线帮助则可以在用户遇到问题时提供即时的解答和指导，使用户能够迅速解决问题。

（4）系统应提供技术支持服务。技术支持团队应当具备专业的知识和技能，能够为用户提供及时、准确的解答和帮助。通过技术支持服务，用户可以获得更加全面和深入的帮助，从而更好地使用系统。

第二节　系统的主要功能模块

一、实时监控模块

实时监控模块的主要任务是收集来自配电网的各种关键实时数据，包括但不限于电压水平、电流强度、功率因数以及系统频率等，这些数据对于理解电网的运行状况至关重要。

电压和电流的稳定是保证电力质量的基础，而功率因数则直接影响着电网的能效，它反映了设备对电力的实际利用率。系统的频率变化可以反映出电网供需平衡的状态，对于预防大规模停电事故具有预警作用。因此，实时监控模块会持续不断地监测这些参数，确保数据的准确性和及时性。

这些收集到的数据经过处理和分析后，会以图表、图形等形式直观地呈现在用户面前。例如，通过颜色编码的地图，用户可以一目了然地看到不同区域的电压状况，红色可能代表电压过高，蓝色可能代表电压过低。又如，通过动态的折线图，用户可以清晰地看到系统频率的实时变化，从而快速识别出可能的异常情况。用户界面的设计充分考虑了用户体验，使得无论是专业的电网运维人员，还是对电力系统有一定了解的普通用户，都能轻松理解和解读这些信息。通过实时监控模块，用户可以实时了解配电网的运行状态，及时发现并处理潜在的问题，从而提高电力系统的运行效率和可靠性。

实时监控模块还可以与其他系统如故障管理系统、能量管理系统等无缝对接，实现数据共享和协同工作，进一步提升配电网的智能化管理水平。通过大数据分析和机器学习等先进技术的应用，还能预测未来可能出现的问题，实现主动维护，大幅降低了故障发生的风险。

二、数据分析与报告模块

数据分析模块负责处理海量的历史数据，从中挖掘出有价值的信息。这一模块运用先进的数据挖掘和分析技术，如机器学习、深度学习等，对配电网的运行数据进行深度解读，不仅可以帮助用户了解配电网的实时运行状态，还能揭示其运行模式和负载分布的特点，以及预测未来的运行趋势。

通过数据分析模块直观的图表、图像和动画，用户能够轻松地理解复杂的数据信息，快速把握配电网的整体状况。这些可视化工具不仅提供了丰富的展示形式，还支持用户自定义设置，以满足不同用户的需求。与数据分析模块紧密相连的是报告模块。这一模块能够根据用户的需求，自动生成各种报表。这些报表涵盖了电量报表、能耗分析报告、故障统计报告等多个方面，为用户的决策提供了有力的数据支持。报告模块还支持灵活的定制功能，用户可以根据需要选择报告的类型、内容和格式，确保生成的报告能够完全符合其实际需求。

三、故障诊断与定位模块

故障诊断与定位模块利用先进的数据分析技术和智能算法，结合实时数据监控和历史数据记录，对配电网中的潜在故障进行实时分析和诊断。

故障诊断模块的工作原理是基于大量的配电网运行数据和专家经验，通过构建复杂的算法模型，对配电网中的各种异常情况进行自动识别和评估。当系统检测到异常数据时，如电压波动、电流异常等，故障诊断模块会立即启动，对这些数据进行深入分析，并结合专家系统中的知识和规则，判断故障的类型、原因和可能的影响范围。一旦故障诊断模块确定了故障的存在和性质，故障定位模块就会立即介入。该模块通过精细化的数据分析，结合配电网的物理结构和设备分布，准确指出故障发生的具体位置和范围。这不仅为维修人员提供了明确的指导，使得他们能够快速定位故障点，而且还能够避免盲目搜索和无效操作，从而大幅缩短了故障恢复时间。

四、优化调度模块

（1）负载预测。负载预测基于历史数据、当前运行状况和气象条件等多维度信息，运用统计分析和机器学习算法，对配电网未来的负载变化进行精准预测。这种预测不仅有助于提前规划电力资源的调度，还能有效应对突发情况，确保电网的稳定运行。

（2）能量管理。能量管理通过对电力资源的合理分配和调度，实现能源的高效利用。具体来说，能量管理会根据负载预测的结果，结合电力市场的实时信息，制定最优的发电和购电计划，以降低运营成本并满足电力需求。它还会对电网中的储能设备进行智能控制，以平衡电力供需和稳定电网运行。

（3）无功优化。无功优化通过调节电网中的无功补偿设备和无功功率分布，实现无功功率的平衡和电压的稳定。这不仅可以提高供电质量，还能减少电力损耗和设备损耗，降低运营成本。

（4）优化调度模块还提供了智能决策支持功能。它结合了专家系统、模糊逻辑和神经网络等人工智能技术，对电网运行数据进行深入挖掘和分析，为调度人员提供科学、准确的决策建议。这些建议涵盖了电力资源的调度、设备的运行和维护等多个方面，有助于提高调度人员的工作效率和电网运行的智能化水平。

五、资产管理模块

（1）资产管理模块提供详尽的设备台账管理功能。这包括设备的入库登记、基本信息录入、位置定位、技术规格描述等。用户可以通过这一功能，轻松查询到配电网中任意一台设备的详细信息，包括设备的型号、制造商、生产日期、安装位置等，为设备的日常使用和维护提供准确的数据支持。

（2）资产管理模块具备维护计划制定的功能。系统可以根据设备的使用情况、历史维修记录以及设备制造商的建议，自动为每台设备生成维护计划。这些维护计划包括定期巡检、预防性维护、大修计划等，旨在提前发现并解决设备潜在的问题，从而延长设备的使用寿命，降低故障率。

（3）资产管理模块提供维修记录查询功能。每当设备发生故障或需要维修时，用户都可以在系统中记录详细的维修信息，包括维修时间、维修人员、维修内容、更换的零部件等。这些信息不仅可以为今后的设备维护提供参考，还可以帮助用户分析设备的故障模式和原因，为设备的优化改进提供依据。

六、用户管理与服务模块

1.用户管理模块

用户管理模块负责维护和管理用户的所有信息。首先，新用户可以通过系统提供的注册界面进行注册，填写必要的个人信息，如姓名、联系方式、用电地址等。注册成功后，系统会为用户分配一个唯一的账号和密码，以便用户后续登录使用。在用户信息管理方面，系统支持对用户信息的查询、修改和删除等操作。管理员可以根据需要，对用户进行分组管理，并为不同用户组设置不同的权限。这样，系统就可以根据用户的权限，限制其对系统资源的访问和操作，确保系统的安全性和稳定性。

2.服务模块

服务模块为用户提供更加便捷、高效的服务。首先，用户可以通过系统提供的自助查询功能，随时查看自己的用电信息，如电费账单、用电量、电价等。这样，用户就可以随时掌握自己的用电情况，为节能减排提供参考依据。服务模块还提供了缴费功能。用户可以通过系统选择多种缴费方式，如在线支付、银行转账等，方便快捷地完成电费缴纳。系统会自动更新用户的缴费状态，并在用户欠费时及时提醒用户缴费，确保用电服务的连续性。当用户遇到用电问题时，如停电、电器故障等，可以通过系统提供的报修功能进行报修。用户只需填写报修信息，系统会自动将报修信息传递给相关的维修人员。维修人员会尽快响应并处理用户的报修请求，确保用户用电的顺畅和安全。

七、系统配置与维护模块

1. 系统配置模块

系统配置模块是管理员进行系统初始化设置的关键工具。管理员可以通过此模块进行数据库的连接设置，包括数据库服务器地址、端口号、用户名和密码等，确保系统能够顺利连接到指定的数据库进行数据的读写操作。系统配置模块还允许管理员对系统的界面风格进行选择，以适应不同用户的使用习惯和偏好。无论是简约明了的风格还是丰富多样的布局，管理员都可以根据实际需求进行灵活配置。

模块开关功能也是系统配置模块的重要组成部分。管理员可以根据实际情况，开启或关闭某些功能模块，以满足特定的业务需求。例如，在设备调试阶段，管理员可以关闭与设备监控相关的模块，以减少不必要的干扰；而在正式运行阶段，再将这些模块重新开启，确保系统能够全面监控配电网的运行状态。

2. 系统维护模块

系统维护模块提供备份恢复功能。管理员可以定期将系统数据进行备份，以防止数据丢失或损坏。当系统出现故障或需要升级时，管理员可以使用备份数据进行恢复操作，确保系统的正常运行。

系统维护模块还提供了错误处理功能。当系统出现错误时，该模块能够自动捕获错误信息并进行处理，避免错误对系统造成更大的影响。管理员也可以通过该功能查看错误信息并进行相应的处理操作。

第三节 系统的数据集成与共享

一、数据集成

1. 数据源多样化

配电网的数字化管理系统的核心在于其强大的数据集成能力，能够处理来自实时数据、历史数据、气象数据以及用户数据等多个维度的信息。

实时数据实时反馈设备运行状态、故障预警等关键信息，使得运维人员能够迅速响应，提高故障处理效率。

历史数据记录配电网的过去运行状况，包括设备性能、负荷变化、故障模式等。通过对这些数据的深度挖掘和分析，可以识别出影响电网运行的关键因素，预测未来的运行趋势，为制定维护策略、优化运行模式提供科学依据。

考虑到天气条件对电力需求和电网稳定性的影响，如极端天气可能导致的负荷激增或设备损坏，结合气象预报数据，可以更准确地预测负荷变化，提前调整电网运行策略，降低故障风险。

2.数据准确性、一致性和完整性

（1）数据的准确性是核心。在配电网的运行中，从发电量、输电损耗到用户用电量，每一个环节都需要实时、准确的数据支持。这些数据不仅是调度决策的依据，也是故障预警、能效分析等关键功能的基础。例如，如果发电量的数据出现偏差，可能会导致电网调度的失误，进而影响到电力供应的稳定。因此，数据的采集、传输和处理过程中，都需要采取严格的质量控制措施，确保数据的准确性。

（2）数据的一致性是数据集成的关键。在实际操作中，数据可能来自不同的设备、系统甚至不同的供应商，这些数据可能在格式、单位、编码等方面存在差异。如果不进行统一，将导致数据处理的复杂性和错误率大幅提高。因此，需要建立统一的数据标准和规范，对异构数据进行清洗和转换，确保其在一致性上的兼容性，以便于后续的分析和应用。

（3）数据的完整性是保证数据分析全面性的必要条件。在数据集成过程中，任何数据的丢失或遗漏都可能导致分析结果的偏差，影响决策的准确性。因此，需要建立完善的数据备份和恢复机制，确保数据在传输、存储和处理过程中的完整性。

3.数据清洗和预处理

（1）数据清洗的目标是消除数据集中的冗余和不一致性。这通常涉及识别和删除重复的数据记录。例如，在一个客户数据库中，可能会有多个账户属于同一个客户，这些重复的记录如果不进行处理，可能会在统计分析中夸大数据量，导致误导性的结论。数据清洗还包括查找并修正数据输入错误，如拼写错误、格式错误等。

（2）处理缺失值和异常值是数据预处理的关键环节。缺失值可能是由于数据收集过程中的疏忽或设备故障等原因造成的，如果直接忽略可能会导致信息损失，而异常值可能源于测量错误或其他异常情况，它们可能会对统计分析产生显著影响，甚至扭曲结果。因此，通常需要根据具体情况进行填充缺失值或修正异常值的处理，如使用平均值、中位数填充，或者使用异常值检测算法进行识别和处理。

（3）数据的格式转换和标准化也是必不可少的步骤。不同的数据源可能采用不同的数据格式，如日期格式、数字格式等，这需要进行统一以确保数据的可比性。标准化则是将数据转换到同一尺度，如 Z-score 标准化、最小—最大规范化等，这有助于消除数据度量单位或范围差异对分析结果的影响，尤其在使用某些敏感于数据尺度的算法（如聚类、机器学习等）时更为重要。

二、数据共享

1. 用户需求多样性

在配电网数字化管理系统中，不同用户对于这些数据的需求呈现出显著的多样性，这对系统的功能设计和数据管理提出了新的挑战。

调度人员需要实时、准确地掌握配电网的运行状态。这包括但不限于设备的运行参数、电网负荷、电力质量等关键信息。这些数据的及时获取和分析，对于预防故障、优化调度、保障电力供应的稳定性和可靠性至关重要。

运维人员需要通过查看历史数据和故障记录，进行故障的诊断和处理。这些数据对于设备的维护保养、故障预测以及提高运维效率也具有重要的指导作用。

科研人员对数据的需求更倾向于深度和广度。通过深入挖掘和分析大量的历史数据、实时数据以及各种异常情况的数据，他们可以进行电网运行规律研究、新技术研发、故障模式分析等工作，推动电网技术的创新，提升电网的智能化水平。

2. 数据共享标准和规范

（1）数据格式的标准化是确保数据可互操作性的基础。XML（可扩展标记语言）和 JSON（JavaScript 对象表示法）是两种广泛接受的通用数据格式，它们允许不同系统和平台之间的数据交换。XML 通过结构化的标签来描述数据，适合处理复杂的数据结构；而 JSON 则以更简洁的方式表示数据，常用于 Web 服务和应用程序之间的数据交换。通过使用这些标准格式，可以降低数据解析的复杂性，提高数据的共享效率。

（2）安全的传输协议是保护数据在传输过程中不被篡改或窃取的关键。安全超文本传输协议（HTTPS）是 HTTP 协议的安全版本，它利用 SSL/TLS 协议在客户端和服务器之间建立安全的加密通道。还可以使用其他协议如 SSH（安全外壳协议）来保护数据的传输，尤其是对于涉及敏感信息的文件传输。

（3）访问控制和身份验证机制是保护数据不被未经授权的用户访问的重要手段。访问控制通常包括基于角色的访问控制（RBAC）、访问控制列表（ACL）等策略，以确保只有具有特定权限的用户才能访问特定的数据。身份验证如OAuth、OpenID 等协议可以验证用户的身份，防止冒名顶替的行为。这些机制的实施需要结合使用强大的加密技术，如哈希函数和公钥基础设施（PKI），以增强数据的安全性。

（4）隐私保护也是数据共享规范的重要组成部分。这可能涉及数据最小化原则，即只收集和共享实现特定目的所需的最少数据。另外，数据的匿名化和去标识化技术也可以用于减少数据与特定个人的关联性，从而降低隐私泄露的风险。

3. 数据可视化与交互

数据可视化通过图形、图表等形式，将复杂的数据信息转化为直观的视觉元素，使用户能够一目了然地理解数据的分布、趋势和模式。例如，对于配电网的运行情况，通过颜色编码的地理地图，用户可以快速识别出电力消耗的热点区域，或者通过折线图追踪电力负荷的变化趋势。这种直观的展示方式，极大地降低了理解和解析数据的难度，尤其对于非专业用户来说，更是一种极大的便利。数据可视化仅是第一步，真正的价值在于用户如何利用这些信息。这就需要系统的交互功能发挥作用。用户可以通过交互界面进行数据查询，获取特定时间、地点或条件下的详细数据；也可以进行数据分析，通过比较、筛选、排序等操作，深入挖掘数据背后的含义。许多系统还允许用户进行数据操作，如修改、标记或导出数据，以满足他们的个性化需求。

第四节　系统的运维与管理

一、系统运维

1. 日常监控

（1）硬件监控。主要涉及对系统服务器、存储设备、网络设备等硬件设备的实时监控。通过监控，运维人员可以实时了解这些设备的运行状态，如 CPU 使用率、内存占用率、磁盘空间剩余量等关键指标。如果发现硬件故障或资源瓶颈，运维人员可以迅速定位问题并进行处理，避免系统崩溃或性能下降。

（2）软件监控。主要是对运行在系统上的各类软件进行监控，包括操作系统、数据库、中间件、应用程序等。通过监控，运维人员可以实时了解这些软件的运行状态，如进程数量、线程数量、内存占用等。一旦发现软件异常或崩溃，运维人员可以迅速进行故障排查和恢复，确保系统正常运行。

（3）网络监控。主要是对系统所依赖的网络环境进行监控，包括网络带宽、网络延迟、网络丢包等指标。通过监控，运维人员可以实时了解网络状况，及时发现网络故障或瓶颈，并进行相应的优化和调整。

（4）安全监控。主要是对系统的安全性进行监控，包括防火墙、入侵检测、病毒防护等方面。通过监控，运维人员可以实时了解系统的安全状况，及时发现并处理安全威胁，确保系统的数据安全。

2. 故障处理

故障处理是系统运维中的一项核心工作，其重要性不言而喻。当系统出现故障时，无论是设备硬件故障、网络问题、软件漏洞，还是由于操作失误或外部攻击引起的系统异常，运维人员都需要迅速介入，确保故障得到及时、有效的处理。在故障处理过程中，运维人员首先需要具备深厚的技术功底和丰富的实战经验。这是因为，故障的表现形式多种多样，可能是简单的系统卡顿，也可能是复杂的网络中断或数据丢失。运维人员需要凭借自己的专业知识和经验，快速定位问题所在，分析故障原因，并制定相应的解决方案。除了技术能力和经验外，运维人员还需要具备高度的责任感和使命感。在面对紧急情况时，他们需要迅速做出决策，采取有效措施，防止故障进一步扩大或影响系统的正常运行。还需要保持冷静、理智的心态，避免因情绪波动而影响故障处理的效率和效果。

3. 性能优化

性能优化直接关系着配电网数字化管理系统的运行效率、响应速度和稳定性。随着配电网规模的不断扩大和业务的日益复杂化，对系统性能的要求也越来越高。因此，通过性能优化，能够确保系统在面对高并发、大数据量等挑战时，依然能够保持高效、稳定的运行状态。性能优化涉及多个方面，包括硬件、软件和网络等。

（1）在硬件层面，需要对系统的服务器、存储设备、网络设备等进行评估和优化。通过升级硬件设备，如增加内存、提高 CPU 性能或采用更先进的存储设备，可以显著提升系统的处理能力。合理的硬件布局和配置也是性能优化的重要环节，它能够确保系统资源得到充分利用，避免资源浪费和瓶颈出现。

（2）在软件层面，性能优化主要关注于系统架构、代码优化、数据库性能等方面。首先，系统架构的优化能够提升系统的整体性能。通过引入负载均衡、分布式缓存等技术，可以均衡系统负载，提高系统的并发处理能力。其次，代码优化是性能优化的重要手段之一。通过优化算法、减少不必要的计算和 I/O 操作，可以降低系统的资源消耗，提升系统的执行效率。数据库性能的优化也是不可忽视的。通过优化数据库查询语句、建立索引、调整数据库参数等方式，可以显著提升数据库的查询速度和数据处理能力。

4. 建立完善的运维流程和制度

（1）运维流程和制度应详细规定各个环节的职责和要求。从系统的监控、故障排查、性能优化到安全维护，每个步骤都应有明确的操作流程和责任人。这样，运维人员在处理问题时能够迅速定位并采取相应的措施，减少因操作不当或延误而导致的系统问题。

（2）运维流程和制度还应包括相应的考核机制和奖惩制度。通过对运维人员的工作绩效进行评估，可以激励他们更加积极地履行职责，提升技术水平。对于工作表现突出的运维人员，应给予相应的奖励和表彰，以增强他们的工作积极性和归属感。而对于工作表现不佳的运维人员，则需要进行相应的惩罚和纠正，以确保整个运维团队的高效运行。

二、系统管理

1. 用户管理

用户管理涉及对系统内部所有用户账户的全方位管理，包括但不限于账户的创建、修改、删除等日常操作。这些操作看似简单，但实际上每一项都需要经过严格的审查和审批流程，以确保系统内部的账户信息准确无误。在账户创建时，管理员需要根据用户的实际需求和系统权限的划分，为用户分配相应的账户名称、密码以及初始权限。为了确保账户的安全性，管理员还需要设定账户的复杂度要求、锁定策略等安全设置。对于已存在的账户，用户管理模块也提供了修改和删除的功能。当用户因为工作变动或其他原因需要更改账户信息或注销账户时，管理员可以通过用户管理模块进行相应的操作。这些操作同样需要遵循严格的管理制度和流程，以确保账户信息的准确性和安全性。

2. 权限管理

（1）权限管理需要根据系统的实际情况制定合适的权限策略。这包括明确不同用户角色在系统中的权限范围，如管理员、普通用户、维护人员等，并为他们分配相应的操作权限。通过合理的权限划分，可以确保每个用户只能访问和操作自己权限范围内的数据和功能，从而防止越权操作和数据泄露的风险。

（2）权限管理需要定期进行审查和更新。随着系统的不断发展和用户需求的不断变化，原有的权限策略可能需要进行调整和优化。因此，需要定期对权限进行审查和更新，以确保权限策略的时效性和有效性。这包括对用户角色的重新评估、权限范围的调整以及新功能的权限分配等。

（3）为了确保权限管理的规范性和有效性，还需要建立完善的权限管理制度和流程。这包括制定明确的权限管理规范、建立权限申请和审批流程、设置权限变更记录等。通过规范化的管理流程和制度，可以确保权限管理的科学性和规范性，提高管理效率并降低管理风险。

3. 配置管理

配置管理涉及对系统硬件、软件、网络等各个方面的配置信息进行全面的管理和维护。这些配置信息包括但不限于服务器、存储设备、网络设备、操作系统、应用软件等的详细参数和设置。通过配置管理，可以确保系统中的各项配置信息准确无误，并实时反映系统的当前状态。这为运维人员提供了极大的便利，他们可以通过配置管理工具快速定位问题、分析原因，并采取相应的措施进行修复。配置管理还能够帮助运维人员优化系统性能，提高系统的运行效率。

4. 日志管理

（1）日志的收集是日志管理的第一步。系统管理员需要配置相应的日志收集工具或机制，确保系统产生的所有重要日志信息都能被完整地记录下来。这些日志信息可能包括系统启动和关闭的日志、用户登录和注销的日志、系统操作日志、异常和错误日志等。

（2）收集到的日志信息需要通过专业的日志分析工具或软件进行处理和分析。通过对日志的详细分析，系统管理员可以了解系统的运行状况、用户行为模式、潜在的安全威胁等。还可以通过对历史日志的对比分析，发现系统性能的变化趋势和潜在的问题。

（3）日志的管理包括日志的存储、备份、查询和清理等。系统管理员需要建立完善的日志管理制度和流程，确保日志信息的完整性和安全性。还需要定期对日志进行备份和清理，以避免因日志过多而占用过多的存储空间或导致性能下降。

5.备份与恢复测试

通过定期备份，可以保留系统在不同时间点的状态，从而在系统发生故障或数据丢失时，能够迅速恢复到之前的状态。仅进行备份还不够，还需要通过恢复测试来验证备份数据的完整性和可用性。恢复测试是指在模拟真实故障的情况下，尝试从备份中恢复数据或系统，以验证备份的可靠性和有效性。通过恢复测试，可以发现潜在的数据恢复问题，并及时进行修复和优化，以确保在真实故障发生时，能够迅速、准确地恢复数据或系统。在进行备份与恢复测试时，需要制定详细的测试计划和方案。测试计划应明确测试的目标、范围、时间、人员等要素，以确保测试的全面性和有效性。测试方案则应详细描述测试的步骤、方法、预期结果等关键信息，以便测试人员能够按照方案进行操作和记录。在测试过程中，需要记录每一个操作步骤和结果，并对测试结果进行仔细分析和比对。如果发现测试结果与预期不符或出现异常情况，还需要及时进行调整和修复，以确保系统的稳定性和数据的安全性。

第六章

数字化监测与诊断

第一节　数字化监测的技术与方法

一、技术原理

1. 传感器技术

随着纳米技术、微机电系统（MEMS）以及智能材料等新兴科技的融入，传感器不仅在体积上实现了微型化，更在性能上实现了质的飞跃。这些先进的传感器不仅具有高灵敏度、低噪声、抗干扰能力强等特点，还能在极端环境下稳定工作，确保对配电网中各种非电参数的精确测量。具体而言，温度传感器能实时捕捉电缆、变压器等设备的温度变化，预防过热引发的火灾；压力传感器则用于监测管道系统的压力状态，防止泄漏或超压事故的发生；流量传感器精确计量电流和介质的流动情况，确保能源的高效利用；位移传感器则监控设备部件的微小移动，及时发现结构松动或磨损迹象。此外，湿度、气体浓度等传感器也为配电网的安全运行提供了全面的环境监控。

2. 数据采集技术

数据采集技术负责将传感器输出的模拟信号转换为数字信号，为后续的数据处理提供基础。在这一过程中，高精度模数转换器（ADC）能够将微弱的模拟信号准确无误地转换为高精度的数字值。同时，为了进一步提高信号的信噪比和抑制干扰，数据采集模块还集成了信号放大、滤波等预处理功能，确保采集到的数据既准确又干净。此外，数据采集技术还具备高并发处理能力，能够同时接收来自多个传感器的数据，确保在复杂的配电网环境中不遗漏任何重要信息。通过高效的通信协议和数据压缩技术，采集到的数据能够迅速、安全地传输至数据中心或云端进行进一步处理。

3. 数据处理技术

数据处理技术利用先进的算法和模型对采集到的数据进行深度挖掘和分析，从而揭示出隐藏在数据背后的规律和趋势。数据分析技术不仅能够对监测数据进行实时统计和比较，及时发现异常情况并触发预警机制；还能通过数据挖掘技术发现数据之间的潜在关联和规律，为配电网的优化运行提供科学依据。

模式识别技术则是数据处理中的一大亮点。它利用机器学习、深度学习等人工智能算法对监测数据进行学习和训练，从而构建出能够自动识别异常模式和预测未来趋势的模型。这些模型能够基于历史数据和经验知识对新的监测数据进行分类和预测，为配电网的智能化运维提供有力支持。

与传统的监测方法相比，数字化监测技术具有以下显著优势：

（1）实时性强。通过实时数据采集和传输技术，数字化监测能够立即捕捉到配电网中的任何异常变化，为快速响应和处理提供了可能。这种实时性不仅提高了故障排查的效率，还降低了故障对配电网运行的影响。

（2）精度高。传感器和数据处理技术的双重保障使得监测数据的精度大幅提升。这种高精度数据不仅能够更准确地反映配电网的实际运行状态，还能为后续的故障分析和优化决策提供有力支持。

（3）自动化程度高。数字化监测技术实现了数据采集、处理和分析的全自动化流程。这不仅减少了人工干预和人为错误的风险，还提高了监测效率和准确性。同时，自动化监测还能够实现全天候不间断的监控，确保配电网的安全稳定运行。

（4）可扩展性强。随着配电网规模的不断扩大和技术的不断进步，数字化监测技术也具备了强大的可扩展性。通过增加传感器和数据处理模块等硬件设备以及升级软件算法和模型等软件资源，可以轻松扩展监测范围和功能，满足配电网不断发展和变化的需求。

二、监测方法

1. 在线监测

在配电网中，在线监测技术能够实时监测电网的电压、电流、频率、功率因数等关键参数，以及设备的工作状态、温度、湿度等环境参数。通过高精度传感器和数据采集设备，这些监测数据被实时传输到监控中心或云平台，经过分析处理后可以及时发现电网中的异常情况，并采取相应的控制措施，避免故障的发生或减轻故障的影响。

在线监测技术还可以结合大数据分析、人工智能等技术手段，对监测数据进行深入挖掘和分析，发现电网运行的规律和趋势，为电网的优化调度、能效提升、故障预警等提供有力支持。在线监测技术还可以实现远程监控和远程控制，使得电网的监控和管理更加便捷、高效。

2. 远程监测

远程监测技术实现了对配电网各项运行参数的实时、远程监控。它利用安装在配电网各个关键节点的传感器和监测设备，实时采集电压、电流、功率因数、温度、湿度等关键数据，并通过通信网络将这些数据传输到远程的监控中心或移动设备上。

在远程监控中心，工作人员可以通过专门的软件系统，对接收到的数据进行实时分析、处理和展示。这些软件系统通常具备强大的数据处理能力，能够对海量数据进行快速处理，并生成直观、易懂的图表和报告，帮助工作人员快速了解配电网的运行状况。

远程监测技术的应用，使得工作人员无需亲临现场，就能够对配电网进行实时监控和管理。这不仅大幅降低了人力成本，提高了监控效率，还能够及时发现和解决配电网运行中的潜在问题，确保电网的稳定运行。

远程监测技术还具备灵活性和可扩展性。它可以根据实际需要，随时添加或移除监测点，扩展监测范围。它还可以与其他系统（如地理信息系统、调度自动化系统等）进行集成，实现更高级别的数据共享和协同工作。

3. 智能监测

（1）自动预警。传统的监测方法往往需要人工对监测数据进行解读和分析，才能发现潜在的问题。而智能监测则通过内置的算法和模型，能够实时地对数据进行处理和分析，一旦发现数据异常或超过预设的阈值，便会立即触发预警机制，通知相关人员进行处理。这种自动预警机制大幅提高了故障发现的及时性和准确性，减少了因人工疏忽或延误导致的损失。

（2）故障诊断。在发现异常数据后，智能监测系统不仅会发出预警，还会通过机器学习和深度学习技术对故障进行初步的诊断。通过分析故障数据的特征和模式，系统能够给出可能的故障原因和解决方案，为维修人员提供有力的支持。这种故障诊断功能能够大幅缩短故障排查和修复的时间，提高配电网的可靠性和稳定性。

（3）预测性维护。除了对已经发生的故障进行诊断和预警外，智能监测还能够通过历史数据和当前数据的学习和分析，预测未来可能出现的故障或问题。这使得维修人员能够在问题实际发生之前进行维护和修复，避免故障对配电网的影响。预测性维护不仅提高了配电网的可靠性，还降低了运维成本，提高了整个系统的经济效益。

（4）优化运行。智能监测还能够通过对配电网运行数据的分析，发现运行中的不合理之处或潜在的优化空间。例如，通过分析负荷数据和电源数据，系统可以给出最优的电源分配方案或负荷调度策略，提高配电网的运行效率和能源利用率。这种优化运行功能不仅能够提高配电网的经济效益，还能够为电网的可持续发展提供支持。

（5）数据可视化。为了方便用户理解和使用监测数据，智能监测系统通常会提供数据可视化的功能。通过图表、动画等形式展示监测数据和分析结果，用户能够直观地了解配电网的运行情况和问题所在，更好地进行运维管理和决策支持。

第二节　配电网设备状态的实时监测

一、设备状态监测的重要性

实时监测系统的作用在于，它能在问题刚刚萌芽时就将其揪出，防止小问题演变成大故障，从而极大地保障了设备的安全运行。

实时监测系统的快速响应能力也是其价值的重要体现。一旦系统检测到设备异常，它会立即发出警报，将详细信息传递给维护人员。这种快速的信息传递机制，使得相关人员能在第一时间了解到问题的状况，无需花费时间进行常规检查，从而大幅缩短了问题处理的时间，减少了故障对配电网的影响，确保电力供应的连续性。

实时监测对于提高供电质量也有着不可忽视的贡献。通过实时监测设备的各项运行参数，如电压、电流、频率等，可以确保设备始终在最佳的工作状态下运行。这样不仅能延长设备的使用寿命，减少维修成本，还能有效避免因设备故障导致的电压波动、频率不稳定等问题，从而提高供电的稳定性和可靠性，更好地满足用户对电力供应的高质量需求。

二、监测范围

1. 变压器

（1）油温是衡量变压器运行状况的重要指标。变压器内部的油主要起到冷却和绝缘的作用。当油温过高时，可能会导致油的绝缘性能下降，增加内部短路的风险，甚至可能引发火灾。因此，通过先进的温度传感器持续监测油温，一旦发现异常升温，可以立即启动冷却系统，防止故障的发生。

（2）油位的控制也是确保变压器安全运行的关键。油位过高或过低都可能导致内部压力失衡，影响到变压器的绝缘性能。过低的油位可能会使绕组暴露，加速其老化，甚至导致绕组烧毁。因此，通过精确的油位监测系统，可以及时调整油位，避免因油位问题引发的故障。

（3）绕组温度的监测也是不可或缺的。绕组是变压器的核心部分，其温度直接影响到变压器的效率和寿命。如果绕组过热，不仅会降低变压器的传输效率，还会加速绝缘材料的老化，增加故障风险。因此，通过内置的热敏电阻或红外传感器，可以实时获取绕组的温度信息，以便及时调整负载或启动冷却系统。

2. 开关柜

开关柜负责控制、保护和分配电力。对开关柜的运行状态进行实时监测包括对开关的开闭状态、触头温度等关键参数的监测，以便在出现异常情况时能立即发现并采取应对措施。

开关状态的监测主要是为了防止误操作和设备损坏。例如，如果在不应闭合的情况下，开关意外闭合，可能会导致短路，引发电力事故。反之，如果在需要闭合时开关未能正常闭合，可能会导致停电，影响生产和生活。因此，通过先进的传感器和监控系统，可以实时获取开关的开闭状态，一旦发现异常，系统会立即报警，以便操作人员迅速处理。

触头温度的监测则是对开关柜内部热状态的直接反映。触头是开关柜中电流流通的关键部位，当电流通过触头时，会产生热量。如果触头温度过高，不仅会加速触头材料的氧化，降低其导电性能，还可能导致开关柜内部的绝缘材料性能下降，甚至引发火灾。因此，通过热成像技术或温度传感器持续监测触头温度，可以提前预警潜在的过热风险，从而采取适当的冷却措施或调整电流负荷，防止事故的发生。

3. 电缆

电缆在长时间高负荷运行下，可能会产生过热现象，进而导致绝缘材料老化、性能下降，甚至引发火灾等严重事故。因此，利用先进的电缆温度传感器等设备，实时监测电缆的温度变化，已经成为预防电缆故障的重要手段。

电缆温度传感器是一种高科技设备，它能够精确地检测电缆表面或内部的温度，且具有高灵敏度和快速响应的特点。当电缆温度超过设定的安全阈值时，系统会立即发出警报，提醒工作人员及时调整电力分配，避免因过热导致的设备损坏和电力中断。这些传感器还可以与数据管理系统集成，记录和分析电缆的温度历史数据，帮助预测潜在的故障点，实现预防性维护。

三、监测技术

1. 物联网技术

通过将配电网中的设备、传感器和控制系统等连接到互联网，物联网技术实现了设备之间的信息互通和数据共享，从而构建了一个智能化的监测网络。

在这个监测网络中，物联网技术发挥了至关重要的作用。

（1）物联网技术使得配电网设备能够实时采集并传输监测数据，如电压、电流、温度、湿度等关键参数。这些数据通过无线或有线的方式传输到中央监控平台，为管理人员提供了实时的、全面的电网运行状态信息。

（2）物联网技术还具备强大的数据处理和分析能力。通过应用大数据分析、机器学习等先进技术，物联网平台可以对采集到的监测数据进行深入挖掘和分析，发现电网运行的规律和趋势，预测潜在的故障和风险。这种智能化的数据分析为配电网的优化调度、能效提升和故障预警提供了有力支持。

（3）物联网技术实现了配电网设备的远程监控和控制。管理人员可以通过中央监控平台远程查看设备的运行状态，对设备进行远程控制和操作。这种远程监控和控制能力大幅提高了电网管理的便捷性和效率，减少了人力成本和运维难度。

2. 无线通信技术

（1）实时数据传输。通过无线通信技术，配电网中的设备可以实时将状态数据、故障信息等传输到监测中心。这些数据包括电压、电流、功率因数等电气参数，以及温度、湿度等环境参数。监测中心收到数据后，可以进行分析处理，及时发现电网中的异常情况，并采取相应的措施。

（2）远程控制。通过向设备发送控制指令，管理人员可以远程调整设备的运行状态、设置参数等。这种远程控制能力不仅提高了电网管理的便捷性，还能够在紧急情况下迅速响应，确保电网的安全运行。

（3）移动监测。无线通信技术支持移动监测设备的应用。移动监测设备可以携带无线通信模块，通过无线信号与监测中心进行通信。这使得监测人员可以随时随地获取电网的实时数据，进行移动监测和巡检工作。

3. 云计算技术

（1）云计算技术具有强大的数据处理能力。配电网的实时监测会产生大量的数据，包括电压、电流、功率因数、谐波含量、温度、湿度等多种参数。这些数据的处理和分析需要强大的计算能力支持。通过云计算技术，可以将这些数据上传到云端服务器进行集中处理，大幅提高了数据处理的速度和效率。

（2）云计算技术可以实现数据的实时分析和决策支持。在云端服务器上，可以运行各种复杂的分析算法和模型，对实时监测数据进行深入的分析和挖掘。这些分析结果可以为配电网的运行管理提供有价值的决策支持，如优化运行策略、预测设备故障、提高供电质量等。

（3）云计算技术具有高度的可扩展性和灵活性。随着配电网规模的不断扩大和监测需求的不断增加，可以轻松地增加云端的计算资源和存储空间，以满足不断增长的数据处理和分析需求。云计算技术可以根据实际需求，灵活配置各种应用和服务，为配电网的数字化监测提供更加全面和个性化的支持。

在具体应用中，云计算技术可以与配电网的实时监测系统、控制系统、信息管理系统等进行无缝对接，实现数据的实时共享和协同处理。这样不仅可以提高配电网的运行效率和安全性，还可以降低运维成本和提高服务质量。

四、实施策略

1. 明确监测目标

（1）设备类型。确定需要监测的设备类型，如变压器、断路器、线路等。这些设备在配电网中起着关键作用，它们的运行状态直接影响电网的整体性能。

（2）运行参数。明确需要监测的设备运行参数，如电压、电流、功率因数、温度等。这些参数能够反映设备的运行状态，及时发现潜在的安全隐患。

（3）监测范围。根据配电网的实际情况，确定监测的范围。这可以是一个特定的区域、一条线路或者一个变电站等。监测范围的确定应当考虑到电网的拓扑结构、设备分布以及供电需求等因素。

在明确了监测目标之后，就需要确保实时监测能够全面、准确地覆盖到这些目标。这涉及以下几个方面的工作：

（1）传感器部署。在关键设备和重要环节上部署传感器，以实时采集设备的运行数据。传感器的选择应当根据监测目标的需求来确定，确保能够准确地采集到所需的运行参数。

（2）数据传输。建立稳定、可靠的数据传输通道，将传感器采集到的数据实时传输到监测中心。这可以通过有线或无线方式实现，具体取决于电网的实际情况和监测需求。

（3）数据处理。在监测中心建立数据处理系统，对接收到的数据进行处理和分析。这包括数据的存储、筛选、整合以及可视化等操作，以便能够更直观地展示电网的运行状态。

（4）报警机制。设置合理的报警阈值，当监测数据超过这些阈值时触发报警机制。这可以帮助运维人员及时发现电网中的异常情况并采取相应的处理措施。

2. 选择合适的监测技术

（1）选择合适的监测技术需要深入了解配电网的实际情况和需求。这包括配电网的规模、结构、设备类型、运行环境以及可能面临的风险和挑战等。只有全面掌握了这些信息，才能确保所选的监测技术能够满足配电网的实际需求。

（2）在选择监测技术时，需要关注其实时监测的能力。实时监测意味着能够实时收集、传输和处理配电网的运行数据，从而及时发现并处理可能存在的问题。这对于确保配电网的稳定运行至关重要。因此，在选择监测技术时，需要关注其数据采集的频率、传输速度以及处理能力等指标，确保能够满足实时监测的需求。

（3）监测技术的准确性和可靠性也是选择时需要重点考虑的因素。准确性意味着监测数据能够真实反映配电网的运行状况，而可靠性则意味着监测设备能够在恶劣的环境下稳定工作，避免数据丢失或误报等情况的发生。为了确保监测技术的准确性和可靠性，需要选择经过严格测试和验证的设备和技术，并在实际应用中进行持续监测和维护。

3. 建立完善的监测体系

（1）要将监测中心设计得既高效又智能。这包括选用高性能的服务器和存储设备，确保能够实时处理和分析来自各个监测点的海量数据。监测中心还需要配备专业的技术人员，负责监控系统的日常运行和维护，以及应对可能出现的各种突发情况。

（2）数据传输网络的稳定性和传输速度直接关系到监测数据的准确性和实时性。因此，在构建数据传输网络时，应优先选择高速、稳定且安全的通信协议，如光纤通信等。还需要考虑网络的冗余设计和故障恢复机制，以确保在出现网络故障时能够迅速恢复数据传输。

（3）设备传感器负责实时采集配电网中的各种数据。在选择设备传感器时，应充分考虑其测量范围、精度、稳定性和可靠性等因素，确保能够准确反映配电网的运行状态。还需要考虑传感器的安装位置和数量，以确保能够全面覆盖配电网的各个关键节点和区域。

4. 定期维护和检查

为了确保配电网数字化监测系统持续、准确地为配电网提供监测服务，必须对其实施定期的维护和检查。

先要制定详细的维护计划，明确维护的周期、内容、责任人等。维护计划应基于设备的运行状况、使用频率、环境条件等因素进行制定，以确保维护的及时性和有效性。

除了定期的维护外，还应进行日常的巡检工作。巡检人员应定期对监测设备和系统进行检查，观察其运行状况，及时发现并处理异常情况。

预防性维护是通过对设备和系统进行定期检查、清洁、紧固等操作，预防其出现故障的一种维护方式。预防性维护可以降低设备的故障率，延长其使用寿命，提高监测系统的整体可靠性。

当监测设备或系统出现故障时，应及时进行故障排查和修复。故障排查应准确、迅速，找出故障的根本原因，并采取相应的修复措施。修复完成后，应对设备进行测试，确保其恢复正常运行。

第三节　配电网运行数据的分析诊断

一、数据分析的重要性

（1）数据分析是预防性维护的关键。通过对历史运行数据的深度挖掘，可以识别出设备运行的非正常模式或潜在的故障征兆。通过预测分析，可以提前制定维修计划，避免设备突发故障导致的供电中断，从而显著提高配电网的可靠性。

（2）数据分析有助于提升配电网的运行效率。电力负荷的实时监测和趋势分析，可以帮助我们了解电力需求的动态变化，进而制定出更为精准的调度策略。例如，在负荷低谷期，可以合理调整发电机的输出，避免过度发电导致的能源浪费；在负荷高峰期，通过优化线路配置，可以有效缓解部分区域的供电压力，确保电力供应的平稳。据估计，通过数据分析优化调度，可以提高10%~15%的能源利用效率。

（3）数据分析对于增强配电网的安全性能起着至关重要的作用。通过对配电网的拓扑结构、设备参数、运行数据等多维度信息的综合评估，可以识别出潜在的安全风险点。例如，某些老旧设备可能存在的绝缘问题，或者网络攻击可能导致的控制系统故障等。及时发现并处理这些安全隐患，可以有效防止事故的发生，确保电力系统的安全稳定运行，为社会经济的正常运行提供坚实的保障。

二、数据分析方法

1. 数据挖掘技术

数据挖掘技术的核心在于其能够揭示数据之间的深层关系和潜在规律，从而为决策制定提供有力的依据。在配电网数据分析中，数据挖掘的应用日益凸显其重要性。

配电网中，设备的运行状态、电力负荷的变化、电网的运行参数等都会产生大量的数据。这些数据中蕴含着设备故障的早期预警信号、电力负荷的周期性及随机性规律等关键信息。由于数据量巨大且复杂，单纯依靠人工分析几乎是不可能的。这就需要数据挖掘技术的介入，通过数据预处理、特征选择、模式识别、预测分析等一系列步骤，将这些复杂的数据转化为可理解、可应用的知识。

数据挖掘也能帮助我们理解电力负荷的复杂行为。它可以识别出负荷的季节性、周内周期性以及随机性变化规律，为负荷预测提供准确的模型。通过精确的负荷预测，电力公司可以更有效地调度电力资源，优化运行策略，降低运营成本。

2. 机器学习技术

机器学习主要依赖于对大量历史数据的深度挖掘和学习，通过复杂的算法模型，找出数据间的潜在规律，从而实现对未知数据的精确预测和有效分类。在配电网数据分析中，机器学习技术的应用日益广泛，极大地提升了分析的准确性和效率，为电力系统的稳定运行提供了有力支持。

在设备故障预测方面，机器学习可以通过学习设备的历史运行数据，识别出可能导致故障的早期迹象。据统计，采用机器学习进行故障预测，可以将设备故障率降低 30% 以上。

电力负荷预测是电力系统运行调度的关键环节。传统的负荷预测方法往往依赖于经验模型，预测精度受到很大限制。而机器学习技术能够处理大量的历史负荷数据，通过复杂的非线性建模，可以更准确地预测未来的电力需求。这不仅有助于电力公司优化发电计划，降低运行成本，还可以提高电网的稳定性和可靠性，确保电力供应的平稳。

机器学习在能源效率评估中也发挥着重要作用。通过对电网运行数据的深度学习，可以精确评估不同运行策略对能源消耗的影响，从而提出优化建议，提高能源利用效率。

3. 统计分析方法

统计分析方法的核心在于既能提供数据的描述性理解，如数据的集中趋势、分布形状、离散程度等基本特征，又能进行推断性分析，如假设检验、回归分析、因子分析等，以探索变量间的关联性和预测未来的可能状态。

在配电网运行数据的分析中，统计分析方法的应用尤为关键。例如，通过计算平均值、中位数、方差等描述性统计量，可以了解电力消耗的基本情况，如一天中的高峰和低谷时段，一年中的季节性变化等。进一步，可以通过假设检验，如 t 检验或 ANOVA（方差分析），来判断不同条件下的电力消耗是否存在显著差异，如不同天气条件、不同时间段等。回归分析可以识别影响电力消耗的关键因素，如温度、湿度、设备运行状态等，甚至可以建立预测模型，以帮助电力公司优化运营策略，如调整发电量、预测未来需求等。

三、诊断流程

1. 数据收集阶段

（1）设备状态数据。这些数据涉及配电网中各类设备的运行状况，通过实时监测这些关键参数，能够及时发现设备可能存在的异常情况，从而预防潜在的故障。此外，设备状态数据还可以帮助工作人员了解设备的老化程度，为设备的维护和更换提供有利依据。

（2）电力负荷数据。这类数据反映了配电网中各节点的负荷变化、功率因数等信息。通过对电力负荷数据的分析，可以了解配电网的负载情况，预测负荷趋势，为电网的调度和规划提供依据。此外，负荷数据还可以帮助我们发现负荷不均衡、过载等问题，从而优化电网的运行方式。

（3）运行日志数据。这类数据记录了配电网运行过程中的操作记录、故障报警等信息。通过运行日志数据，可以追溯配电网的历史运行状况，分析故障发生的原因和规律，为故障预防和处理提供指导。此外，运行日志数据还可以帮助我们评估配电网的可靠性，为提升电网的安全性和稳定性提供方向。

在数据收集的过程中，还需要注意数据的准确性和完整性。为了确保数据的准确性，需要采用先进的传感器和监测设备，对配电网进行实时监测和数据采集。同时，还需要对数据进行预处理和校验，以排除可能的干扰和误差。为了确保数据的完整性，需要建立完善的数据管理系统，对收集到的数据进行分类、存储和备份，以便后续的分析和应用。

2. 数据预处理阶段

从各种渠道收集到的海量原始数据可能包含了噪声、异常值、重复项，甚至可能是完全错误的信息。因此，数据预处理就显得尤为必要，旨在为后续的分析和挖掘工作提供一个干净、整洁、一致的数据环境。

（1）数据清洗。数据清洗是预处理的第一步，也是最基础的一步。这个阶段的目标是消除数据集中的不一致性，剔除重复的数据，修正或删除错误的数据，以及处理缺失值。例如，如果一个数据集中有多个用户 ID 反复出现，这可能是数据录入错误或者重复记录，需要进行去重处理。同时，如果数据中存在明显的异常值，如一个商品的售价突然异常高或低，可能需要进行调查或直接剔除，以防止其对分析结果产生误导。

（2）数据转换。在这个阶段，原始数据通常需要转化为更便于分析的形式。例如，如果数据中的日期需要用于时间序列分析，可能需要将其转化为日期距离当前的天数或工作日数等数值形式。

（3）数据整合。在许多实际应用中，数据往往来自不同的源头，格式各异，可能包括数据库、Excel 表格、文本文件、API 接口等。数据整合就是将这些分散的数据源融合成一个统一的数据集，以便进行整体的分析。这个过程可能涉及数据的标准化、数据的映射转换，甚至可能需要构建复杂的 ETL（提取、转换、加载）流程。

经过预处理的数据，其内在的模式、关联和趋势将更易于被发现和理解。因此，数据预处理不仅是提高数据分析效率的重要手段，也是保证分析结果质量的关键步骤。

3. 数据分析阶段

（1）数据挖掘技术。通过对预处理后的数据进行深度挖掘，可以发现数据中的规律性模式，如设备的故障前兆特征、负荷变化的周期性规律等。这些规律性的发现有助于提前预警可能出现的问题，从而采取预防措施，避免故障的发生。

（2）机器学习算法。通过分类和聚类分析，可以将设备或区域的运行状态进行有效划分，帮助理解不同状态下的运行特性。而预测分析则可以对未来可能出现的状况进行预测，如预测未来某一区域的负荷需求、设备的故障概率等。这些预测结果可以为调度决策提供科学依据，优化运行策略，提高运行效率。

（3）统计分析方法。描述性分析可以提供数据的基本特征和分布情况，帮助了解配电网的运行现状。推断性分析则可以对数据进行深入的探索，检验某些假设或理论，如分析设备的使用寿命是否符合预设的分布模型，或者评估新的运行策略是否能显著改善运行性能。

4. 结果解读阶段

结果解读旨在将复杂的数据转化为易于理解的洞察，以便于制定策略和决策。在这个过程中，不仅需要对数据进行深入挖掘，还需要对得出的结论进行批判性思考，以确保其准确性和实用性。在对分析结果进行解读和评估时，要遵循一系列步骤，以确保能够全面理解问题并提出有效的解决方案。

（1）可视化。可视化是解读结果的重要工具。通过创建图表、仪表盘或报告，可以将大量的数据信息以直观的方式呈现出来，帮助我们快速识别趋势、模式或异常。

（2）深入解读。深入解读包括确定问题、分析问题的原因以及评估问题的影响。这一阶段可能需要结合业务知识、历史数据或行业最佳实践，以确保我们的理解是全面的。

最后，基于上述分析，制定具体的解决方案和改进措施。这可能包括升级设备、优化调度策略、改进需求预测模型，或者加强用户教育和能效管理。每项措施都应该明确其实施步骤、预期效果和可能的风险，并与相关的利益相关者进行沟通，以确保其可接受性和可行性。

四、配电网运行数据分析诊断案例

1.数据收集

首先，电力公司对某配电网近一年的运行数据进行了全面收集。这些数据包括设备状态、电力负荷、故障记录等多个方面，涵盖了 12 个月的完整运行周期。在设备状态方面，电力公司收集了包括油温、绕组温度、绝缘电阻等在内的 5000 多条详细数据，涉及 100 多台不同类型的设备。在电力负荷方面，电力公司记录了每小时的负荷变化，形成了完整的负荷曲线。电力公司还收集了所有的故障记录，包括故障发生的时间、地点、原因等信息，为后续的分析提供了丰富的数据基础。

2.数据预处理

收集到大量原始数据后，电力公司进行了数据预处理工作。首先，电力公司运用专业的数据清洗技术，去除了 150 条异常值和 80 条重复数据，确保了数据的准确性和一致性。然后，电力公司进行了数据转换和整合，将不同来源、不同格式的数据整合到一个统一的数据集中，形成了包含 10 个主要设备类型和 20 个关键运行指标的数据库。这些预处理工作为后续的数据分析打下了坚实的基础。

3.数据分析

在数据预处理完成后，电力公司运用数据挖掘技术对数据进行了深入分析。通过对设备故障数据的挖掘，电力公司发现其中 3 种设备类型的故障率明显高于其他设备，占总故障的 70%。电力公司还发现设备故障的高发时段集中在每月的 10~20 日，呈现出一定的周期性。进一步分析发现，电力负荷的变化趋势与设备故障率之间存在一定的关联性。在电力负荷高峰时段（每日18:00~22:00），设备故障率会明显上升。负荷每增加10%，故障率就会上升2%。这些发现为电力公司制定针对性的解决方案提供了重要依据。

4. 结果解读

在数据分析的基础上，电力公司进行了结果解读和评估。首先，电力公司确定了3种关键设备类型为故障高发设备，这些设备需要优先进行检修或更换。其次，电力公司制定了每周一次的设备巡检计划，特别是在故障高发时段加大巡检力度，以确保及时发现问题并采取措施。电力公司还根据电力负荷的变化趋势制定了合理的调度策略。在高峰时段，电力公司通过调度其他电网的电力资源，减轻该配电网的负荷压力，降低设备故障风险。

5. 解决方案实施

在确定了解决方案后，电力公司迅速进行了实施。首先，电力公司对30台故障率高的设备进行了更换或维修，消除了潜在的安全隐患。其次，在故障高发时段，电力公司增加了20%的巡检人员，提高了巡检的频率和质量。电力公司还实施了5次负荷转移操作，成功减轻了该配电网的负荷压力。这些措施的实施为配电网的稳定运行提供了有力保障。

6. 效果评估

在实施了解决方案后，电力公司对该配电网的运行情况进行了效果评估。评估结果显示，该配电网的设备故障率下降了50%，电力供应稳定性得到了显著提升。用户投诉率也下降了30%，电力供应质量得到了用户的高度认可。这个案例充分展示了数据分析诊断在配电网运维中的实际应用价值。通过精准的数据分析和针对性的解决方案，电力公司成功地解决了配电网运行中的问题，提高了电力供应的稳定性和可靠性。

第四节　故障诊断与预警系统

一、系统概述

配电网故障诊断与预警系统是一种集成先进监测技术、数据分析与人工智能算法的智能化系统，旨在实时监测配电网设备的运行状态，及时发现并预警潜在故障，以提高配电网的安全性、可靠性和运行效率。该系统通过采集配电网中的电压、电流、功率因数等关键参数，结合设备状态监测和环境信息，运用数据挖掘、机器学习等技术手段，对配电网进行全方位、多层次的故障诊断与预警。

二、故障诊断技术

1. 监测技术

在构建智能配电网的进程中，监测技术作为故障诊断的基础，其全面性与精准度直接关系到后续分析与诊断的成效。首先，在配电网的关键节点，如变电站、线路分支点及重要负荷接入处，广泛部署多功能电力仪表、高精度电流互感器等先进监测设备，这些设备不仅能实时、准确地采集电压、电流、频率、功率因数等基本参数，还能监测谐波含量、电压波动与闪变等复杂电力质量指标，为全面评估配电网健康状态提供丰富数据支撑。随着物联网技术的发展，振动监测、红外热像技术及超声波检测等非接触式监测手段被引入配电网，它们能够在不中断供电的情况下，对变压器、开关柜、电缆接头等关键设备进行内部温度异常、局部放电、机械松动等潜在故障的预警监测。这种多维度的监测体系，显著提升了故障发现的及时性和准确性。

2. 数据分析与挖掘

面对海量且复杂的监测数据，传统的数据分析方法已难以满足高效、精准故障诊断的需求。因此，采用先进的数据预处理技术和特征提取算法，如数据清洗、去噪、归一化以及主成分分析（PCA）等，从海量数据中提炼出反映设备健康状态的关键特征，如频率偏移、振幅变化、相位差异等，成为提高诊断精度的关键。在此基础上，利用统计分析、机器学习等先进算法，构建故障模式识别模型。这些模型通过对比实时监测数据与预设的基准故障特征库，能够迅速识别出设备是否存在异常，并进一步判定故障类型与严重程度。同时，结合时间序列分析、聚类分析等数据挖掘技术，还能揭示故障发生的潜在规律与趋势，为预防性维护提供科学依据。

3. 人工智能与机器学习

随着人工智能技术的飞速发展，深度学习、神经网络等算法在故障诊断领域展现出巨大潜力。通过构建基于大数据的深度学习模型，对海量历史故障数据进行深度挖掘与学习，系统能够自动发现故障特征与故障类型之间的复杂映射关系，实现故障模式的智能识别。这种自学习能力不仅显著提高了故障诊断的准确性和效率，还使得系统能够持续适应新的故障场景，不断优化诊断模型，提升诊断的鲁棒性和泛化能力。此外，结合专家系统、自然语言处理等技术，开发智能诊断辅助系统，能够为用户提供故障解读、维修建议及预防性维护策略等一站式服务，进一步提升配电网运维的智能化水平。通过人工智能与机器学习的深度融合，故障诊断技术正逐步向自主化、智能化、精准化方向迈进，为配电网的安全稳定运行提供坚实保障。

三、预警机制

在电力系统中，构建一个高效、精准的预警机制是保障电网稳定运行、预防重大事故发生的关键环节。该机制旨在通过实时监控与分析，提前识别潜在故障，并迅速采取应对措施，以最小化故障对电网运行的影响。

1. 预警指标选取

在选取预警指标时，需确保这些指标能够灵敏地反映电网运行状态的微小变化，同时具有高度的特异性，即能够准确区分正常状态与异常状态。这包括但不限于电压波动范围、电流异常模式、设备温度变化速率、绝缘性能下降迹象等。通过历史故障数据的统计分析，结合电力专家的经验知识，筛选出最具代表性的预警指标。同时，利用大数据分析技术，不断挖掘新的、潜在的有价值指标，实现预警指标库的动态更新。所选指标应便于采集、处理且成本效益高，确保预警系统在实际应用中的可行性和经济性。

2. 预警模型构建

结合物理模型（如基于电网拓扑结构的故障传播模型）与数据分析方法（如统计分析、机器学习、深度学习等），构建综合预警模型。物理模型提供理论基础，数据分析方法则利用实际运行数据优化模型参数，提高预测精度。根据电网特性及预警需求，选择合适的机器学习或深度学习算法（如随机森林、神经网络、LSTM 等），对大量电网运行数据进行训练。通过交叉验证、参数调优等技术手段，不断提升模型的泛化能力和预测准确性。建立模型在线更新机制，实时接收新数据并调整模型参数，以适应电网运行状态的动态变化。同时，引入自适应学习算法，使模型能够自动发现并学习新的故障模式，进一步提升预警能力。

3. 预警信息发布

采用声光电报警、短信通知、邮件提醒、移动 APP 推送等多种方式，确保预警信息能够迅速传达给监控中心、值班人员及相关应急响应团队。预警信息应包含故障类型、具体位置（如变电站、线路编号）、严重程度评估、预计影响范围及初步处理建议等关键信息，为快速响应提供有力支持。建立预警信息确认与反馈流程，确保接收方及时响应并反馈处理情况。对于误报或漏报情况，应及时分析原因并调整预警策略。定期组织应急演练和培训活动，提高监控中心和值班人员对预警信息的识别能力、响应速度和处置效率。通过模拟真实故障场景，检验预警机制的有效性和可靠性。

四、系统实现

1. 硬件部署

在配电网的规划与实施过程中，硬件部署是构建故障诊断与预警系统的基石。首先，需对配电网进行全面评估，识别出故障易发区域及关键节点，如变电站、输电线路、配电变压器、开关柜等。随后，在这些关键部位精准安装各类监测设备，如多功能电力仪表、电流互感器、振动传感器、红外热像仪等。

（1）多功能电力仪表：用于实时监测电压、电流、有功功率、无功功率等关键电力参数，确保数据的全面性和准确性。

（2）电流互感器：高精度地测量电流值，特别是在大电流场景下，能有效保护主电路并提供精确的电流数据供分析使用。

（3）振动传感器：安装在变压器、开关等易产生振动的设备上，监测其运行状态，通过振动分析提前预警机械故障。

（4）红外热像仪：利用红外热成像技术，非接触式地检测设备的温度变化，及时发现过热等异常情况，预防火灾等事故。

此外，还需考虑设备的耐候性、抗干扰能力和通信接口的标准化，以确保数据采集的精度和稳定性，同时满足系统对实时性和准确性的严格要求。

2. 软件平台

软件平台是故障诊断与预警系统的核心，负责数据的接收、处理、分析及可视化展示。该平台应包含数据采集模块、数据处理模块、智能分析模块、预警发布模块、可视化展示模块等。

（1）数据采集模块：通过标准化通信协议（如 Modbus、IEC 61850 等）与硬件设备进行数据交互，实现数据的实时、高效采集。

（2）数据处理模块：对采集到的原始数据进行清洗、校验、转换等预处理工作，确保数据质量。

（3）智能分析模块：运用大数据分析、机器学习等先进技术，对处理后的数据进行深度挖掘，识别故障特征，预测潜在风险。

（4）预警发布模块：根据分析结果，自动生成预警信息，并通过短信、邮件、APP推送等多种方式及时通知相关人员。

（5）可视化展示模块：提供直观的操作界面，将配电网的运行状态、故障预警信息、历史数据等以图表、地图等形式展示，便于用户快速掌握全局信息。

3. 系统集成与测试

在完成硬件部署和软件平台开发后，需进行系统集成与测试。该阶段的主要任务包括接口对接、联调联试、性能测试等。

（1）接口对接：确保硬件设备与软件平台之间的数据接口无缝对接，实现数据的顺畅传输。

（2）联调联试：对各模块进行联合调试，检查数据交互的准确性和实时性，确保系统各功能模块的协同工作。

（3）性能测试：模拟实际运行环境，对系统的稳定性、可靠性、响应速度等进行全面测试，确保系统能够满足实际应用需求。

4. 运维管理

为了保障系统的长期稳定运行，需建立完善的运维管理体系。定期对监测设备进行巡检和维护，确保其正常运行和数据采集的准确性。建立数据备份机制，定期备份系统数据，以防数据丢失或损坏。同时，制定数据恢复预案，确保在紧急情况下能够快速恢复数据。关注行业动态和技术发展，及时对系统进行升级和优化，提升系统的性能和功能。

综上所述，配电网故障诊断与预警系统通过集成先进技术和方法，实现了对配电网设备的实时监测、故障诊断与预警功能，为配电网的安全运行提供了有力保障。

第五节 监测与诊断技术的案例分析

一、案例选择

案例名称：基于人工智能的电梯故障监测与诊断系统案例

二、案例描述

1. 背景

在某繁华的大型商业中心，电梯作为连接各个楼层的重要交通工具，其运行状况直接影响着顾客和员工的出行体验。该商业中心面临着电梯数量众多且老旧电梯占比高的挑战。据统计，该中心共有电梯 150 部，其中老旧电梯占比高达 30%。随着电梯使用时间的增长，这些老旧电梯的故障频发，给商业中心的正常运营带来了不小的困扰。

传统的人工巡检方式已经无法满足当前的需求，效率低下且难以及时发现潜在故障。在过去的一段时间里，该商业中心的电梯平均每月发生故障 20 起，不仅影响了顾客和员工的出行体验，还给商业中心的声誉带来了负面影响。

2. 实施过程

为了解决这一问题，该商业中心决定引入先进的电梯故障监测与诊断系统。首先，他们在所有电梯上安装了基于人工智能的故障监测与诊断系统，共计 150 套，确保覆盖到每一部电梯。接下来，系统通过 1000 多个传感器实时采集电梯的运行数据。这些传感器分布在电梯的各个关键部位，能够实时监测电梯的电流、电压、温度、振动等关键参数。通过这些传感器，系统能够全面了解电梯的运行状态，为后续的故障分析提供数据支持。采集到的数据通过高速网络传输到中央处理中心。每秒传输的数据量高达 10MB，确保数据的实时性和准确性。中央处理中心具备强大的数据处理能力，能够迅速处理这些海量的数据，并提取出有价值的信息。在数据分析方面，系统利用了先进的机器学习算法。这些算法包括神经网络、支持向量机等，能够对采集到的数据进行深入分析，自动识别电梯的潜在故障，并预测故障发生的时间。

3．技术应用

（1）大数据分析。该系统能够处理太比特级别的数据，将海量的电梯运行数据转化为有价值的信息。通过对历史数据的挖掘和分析，系统能够发现电梯故障的规律和趋势，为电梯的维护和保养提供数据支持。系统还能够对电梯的使用情况进行实时监控，为商业中心的运营提供决策支持。

（2）机器学习。该系统采用了多种机器学习算法，如神经网络和支持向量机等。这些算法能够自动学习电梯故障的特征和模式，不断提高故障识别的准确率和效率。通过不断的学习和优化，系统能够更准确地识别电梯的潜在故障，并为维修人员提供更精准的维修建议。

（3）预测模型。基于大量的数据和机器学习算法，系统建立了电梯故障预测模型。该模型能够预测电梯故障发生的时间和概率，为维修人员提供预警信息。据统计，该模型的准确率高达95%，极大地提高了电梯故障处理的及时性和准确性。

三、案例分析

1．成功经验

在引入基于人工智能的电梯故障监测与诊断系统后，该大型商业中心在电梯运维方面取得了显著的成功经验。首先，系统的故障识别率得到了极大的提升。之前，传统的巡检方式受限于人工的效率和经验，故障识别率仅能达到60%左右。而现在，通过系统的实时监测和智能分析，故障识别率已经提升至90%，大幅提高了电梯故障的发现率。其次，维修效率也得到了显著的提高。由于系统能够提前预测电梯的潜在故障，维修人员能够提前准备相应的维修工具和材料，减少了现场诊断和排查的时间。据统计，与之前相比，维修时间缩短了30%，大幅减少了电梯停运的时间，提高了电梯的可用性。最后，经济效益也非常显著。由于减少了电梯停运时间和维修成本，该商业中心每年能够节省成本高达200万元。这不仅降低了运营成本，还提高了商业中心的运营效率和顾客满意度。

2．存在的问题

尽管该系统在电梯运维方面取得了显著的成功，但也存在一些问题。首先，数据安全问题是一个需要重点关注的问题。由于系统需要实时采集和处理大量的敏感数据，如电梯的运行数据、故障记录等，这些数据需要得到严格的保护。

目前，虽然系统已经采取了一些数据安全措施，但仍需进一步加强，以防止数据泄露和非法访问。其次，系统维护成本也是一个需要考虑的问题。虽然长期效益显著，但初期投入和系统维护成本较高。为了保持系统的正常运行和更新升级，需要投入大量的人力、物力和财力。因此，在引入该系统时，需要充分考虑成本效益比，确保系统的长期稳定运行。

3. 改进方向

针对上述问题，可以从以下几个方面进行改进。

（1）加强数据保护。为了确保数据的安全性，可以引入更先进的数据加密和访问控制技术，如区块链技术、零知识证明等。这些技术可以确保数据在传输和存储过程中的安全性，防止数据泄露和非法访问。

（2）优化算法。为了进一步提高故障预测的准确性和效率，可以继续研究和优化机器学习算法。通过引入更先进的算法和技术，如深度学习、强化学习等，可以提高系统对电梯故障特征的识别能力和预测准确率。这将有助于更好地预测电梯的潜在故障，并提前采取相应的维修措施。

（3）考虑引入智能调度和自动化维修技术。通过引入智能调度系统，可以根据电梯的实时运行情况和故障预测结果，自动调度维修人员和设备进行维修。这将进一步提高维修效率，减少电梯停运时间。还可以考虑引入自动化维修技术，如机器人维修等，进一步提高维修的自动化程度和效率。

第六节　监测与诊断技术的发展趋势

一、技术融合与创新

随着科技的飞速发展，监测与诊断技术正以前所未有的方式与各类尖端技术相融合，包括物联网（IoT）、大数据、云计算以及人工智能（AI）等。这些技术的交汇，正在重塑我们理解和管理配电网的方式，为电力行业的运营效率带来了革命性的提升。

物联网技术通过在配电网中部署大量传感器，实现了对设备运行状态的实时监控，无论这些设备位于何处。这些传感器无时无刻不在收集着关于电压、电流、温度等关键参数的数据。这些数据随后通过无线网络汇聚到云端，形成庞大的数据湖。

大数据技术能够处理和分析这些海量数据，发现其中的规律和异常模式。通过高级的数据挖掘和机器学习算法，系统可以识别出那些可能预示设备故障的微弱信号，从而实现故障的早期预警。

云计算为这一切提供了强大的计算能力和存储空间。它使得复杂的分析过程可以在云端进行，无需在本地部署昂贵的硬件设备。云计算的弹性扩展能力也能够应对数据量的快速增长。

人工智能技术则赋予了系统自我学习和优化的能力。AI算法可以根据历史数据和当前运行状态，预测设备的未来行为，甚至可以模拟各种故障场景，为运维人员提供最佳的故障处理策略。

二、远程监测与诊断

在配电网运维中，远程监测与诊断技术正逐步取代传统的运维模式，成为保障电力系统稳定运行的重要工具。这一技术的核心在于利用传感器和智能设备，构建起一个实时、全面、高效的监控网络。

这些设备被部署在配电网的关键节点，如变电站、馈线、变压器等处，它们持续不断地收集运行数据，如电压、电流、功率、温度等关键参数。这些数据通过安全的通信链路实时传输至远程监控中心，形成了一张动态的电力系统运行图。

在监控中心，这些海量数据经过大数据分析平台的处理，被转化为可理解的、有价值的信息。人工智能算法能快速识别出数据中的异常模式，预测潜在的故障风险，甚至在某些情况下，可以提前定位问题的根源，极大地提高了故障诊断的准确性和效率。

更为重要的是，远程监测与诊断技术打破了地域对运维工作的限制。运维人员无需亲临现场，就能对全球任何角落的配电网进行实时监控，大幅提高了运维效率。由于减少了现场巡视和人工诊断的需求，运维成本也得到了显著降低。据行业报告，采用这种技术的电力公司，其运维成本平均下降了20%以上，而故障响应时间和修复时间则分别减少了30%和40%。

这种技术还有助于实现配电网的智能化和自动化，为电力系统的优化运行、能效提升以及新能源的并网管理提供了可能。例如，通过实时监测和分析，可以精确调整电网负荷，优化发电和用电的平衡，从而提高整体能源利用效率。

三、数据共享与知识库建设

（1）建立统一的数据平台是实现数据共享的基础。在传统的运营模式中，数据往往分散在各个部门或系统中，形成一个个信息孤岛，这不仅阻碍了信息的流动，也限制了数据分析的深度和广度。通过构建统一的数据平台，可以实现数据的集中管理和高效利用，确保系统能够实时共享配电网的运行数据和故障信息，从而大幅提升了信息传递的速度和效率。

（2）知识库的建设是提升故障诊断能力的关键。知识库汇集了历史的故障信息、运维人员的诊断经验、最佳实践案例等，形成了一套完整的故障诊断知识体系。当新的故障出现时，运维人员可以通过查询知识库，快速获取相关的诊断策略和解决方案，从而提高故障定位的准确性和处理的效率。

（3）知识库的持续更新和优化也是其价值得以充分发挥的关键。随着技术的发展和业务的变化，新的故障类型和解决方案会不断涌现。通过引入人工智能和机器学习等技术，可以实现知识库的自我学习和进化，使其始终保持与时代同步，更好地服务于故障诊断和运维工作。

四、智能预警与决策支持

在配电网监测与诊断领域，智能预警与决策支持系统扮演着不可或缺的角色。这些系统利用先进的算法和大数据分析，对配电网的运行状态进行实时监控，从而实现对潜在问题的早期识别和预警。

智能预警系统能够实时收集和处理来自各个节点的大量数据，包括电流、电压、功率等关键参数。一旦检测到异常情况，如电压波动、电流异常增大等，系统会立即发出预警，将详细信息通过可视化界面呈现给运维人员。这种快速响应的能力极大地缩短了故障响应时间，使得运维团队能够及时发现并定位问题，防止小故障演变成大问题。

这些系统还具备学习和自我优化的能力。它们能够根据历史故障数据，分析故障发生的模式和规律，从而预测未来可能出现的故障情况。例如，通过分析以往冬季极端天气导致的线路覆冰故障，系统可以预测在相似天气条件下哪些区域的线路可能面临相同风险。这种预测能力为运维人员提供了宝贵的决策依据，使他们能够在故障发生前采取预防措施，如调整电网运行策略、加大巡检力度等，从而显著降低故障发生率，保障配电网的稳定运行。

五、边缘计算与实时处理

边缘计算的核心思想是将计算能力从中心云扩展到网络边缘，即在数据产生的地方进行处理和分析。在配电网中，这通常意味着在变电站、馈线开关等边缘节点部署计算设备。通过这种方式，系统可以实时地对收集到的大量数据进行本地处理和分析，大幅减少了数据传输延迟，从而显著提高了监测与诊断的响应速度和准确性。

例如，当配电网中的某个设备出现异常时，边缘计算节点可以立即检测到这一变化，快速进行故障定位和初步诊断，甚至在问题恶化之前采取预防措施。这不仅能够缩短故障恢复时间，减少电力损失，还能有效避免可能对电网稳定运行造成的风险。

边缘计算技术能有效缓解中心服务器的计算和存储压力。在传统的云计算模式下，所有数据都需要上传到中心服务器进行处理，这不仅消耗大量的网络带宽，也容易造成中心服务器的过载。而边缘计算将部分计算任务分散到边缘节点，显著降低了中心服务器的负载，从而提高了整个系统的性能和可靠性。

边缘计算具有更好的数据隐私保护能力。由于数据在生成地就被处理和分析，减少了数据传输和存储的环节，可以降低数据泄露的风险，符合日益严格的隐私保护法规。

六、标准化与互操作性

在全球信息化快速发展的今天，各种监测与诊断系统如雨后春笋般涌现，为各行各业提供了强大的技术支持。这些系统往往由于各自的数据标准、格式和接口协议的差异，导致了数据孤岛现象，限制了其潜力的充分发挥。因此，制定统一的标准和规范，以实现不同监测与诊断系统之间的互联互通和互操作性，显得尤为重要。

这些标准和规范的制定，首先需要对数据传输进行规范，确保数据在不同系统间的安全、高效流动。其次，统一的数据格式是实现数据互操作性的基础，只有当所有系统都能理解和处理相同格式的数据，才能实现真正的无缝对接。接口协议的标准化也是关键，它能确保系统间的服务调用和数据交换的顺利进行。

实现标准化和互操作性的提升，将带来多方面的益处。一方面，它可以显著降低系统建设和运维的成本，因为统一的标准意味着更少的定制化开发和更高的兼容性。另一方面，标准化可以提高系统的可靠性和稳定性，减少因接口不兼容或数据格式混乱导致的故障和数据丢失。标准化的环境也有利于新技术的快速推广和应用，促进监测与诊断技术的不断创新和升级。

在电力行业，大量的监测和诊断系统需要处理和分析来自各种设备的海量数据。统一的标准和规范可以打破数据壁垒，促进数据的深度挖掘和广泛应用，从而提高电网的运营效率，增强电力系统的安全性和稳定性，为构建智能、绿色的未来电网奠定坚实基础。

第七章

数字化运维与优化

第一节 数字化运维的理念与模式

一、数字化运维的理念

过去，电力行业的运维模式往往依赖于人力的巡检、手动的操作以及问题发生后的应对，这种方式不仅效率低下，容易受到人为因素的影响，而且在面对复杂多变的电网状况时，往往显得力不从心。数字化运维通过集成云计算、物联网、大数据等先进的 IT 技术，实现了对配电网的实时、全面、精准的监控，通过深度学习和智能算法对海量数据进行分析，从而能够快速识别潜在的故障，提前进行预防性维护，显著提升了运维的效率和精度。

数字化运维要求运维人员从过去的被动应对模式转变为积极主动的预防模式，从大量的历史数据和实时监测信息中挖掘出隐藏的规律和趋势，预测可能出现的问题，提前进行干预，从而将问题消灭在萌芽状态，确保电力配电网的稳定运行，提高电力供应的可靠性。

二、数字化运维的模式

1. 集中化监控

集中化监控是数字化运维的核心环节之一。通过建立统一的监控中心，运用先进的信息技术，实现对配电网各环节的实时监控和数据分析。这一模式打破了传统分散监控的局限，使得运维人员能够全面掌握配电网的运行情况，及时发现和处理问题。

在集中化监控模式下，监控中心通过收集和处理来自各个节点的实时数据，对配电网的运行状态进行全面分析。一旦发现异常情况，系统会立即发出警报，并自动启动相应的应急处理机制。这种实时监控和数据分析的能力，使得运维人员能够迅速响应各种突发情况，确保配电网的稳定运行。

2. 预防性维护

预防性维护是数字化运维的另一个重要环节。它基于设备的历史数据和运行状态，运用数据分析技术来预测设备的故障趋势，并提前进行维护和更换。这种维护方式不仅可以降低设备的故障率，延长设备的使用寿命，还可以减少因设备故障而造成的停电事故和损失。

在预防性维护模式下，运维人员可以通过对设备历史数据的分析，了解设备的运行规律和故障模式。然后，根据这些分析结果，制定针对性的维护计划，对设备进行定期检查和保养。系统还可以根据设备的实时运行状态，预测其可能发生的故障，并提前进行干预和维修。这种基于数据分析的预防性维护方式，使得运维人员能够更加精准地掌握设备的运行情况，确保配电网的稳定运行。

3. 智能化决策

智能化决策运用大数据和人工智能技术对配电网的运行数据进行深入挖掘和分析，为运维决策提供有力的支持。这种决策支持不仅可以帮助运维人员快速定位问题、分析原因，还可以提供多种解决方案供其选择。

在智能化决策模式下，系统通过收集和分析大量的运行数据，构建出配电网的运行模型。然后，基于这个模型，系统可以对配电网的运行状态进行预测和优化。例如，在故障诊断方面，系统可以通过分析实时数据和历史数据，快速定位故障点并给出处理建议；在运行优化方面，系统可以根据历史数据和实时数据调整运行策略以降低能耗并提高稳定性。这种基于大数据和人工智能技术的智能化决策方式使得运维管理更加科学、高效和精准。

第二节 运维工作的数字化流程管理

一、流程梳理

1. 现状调研

现状调研是流程梳理的第一步，它涉及对配电网运维工作各个方面的深入了解。在这个阶段，需要详细记录和分析各个流程环节的职责分配、执行时间、资源消耗以及与其他部门的协作情况等。通过实地考察、问卷调查、访谈等多种方式，收集大量的数据和信息，形成对运维流程的全面认识。现状调研的目的是发现运维流程中存在的问题和不足，为后续的优化和改进提供有力的支持。只有深入了解现状，才能制定出切实可行的优化方案，确保运维工作的顺利进行。

2. 瓶颈识别

在梳理运维流程的过程中，瓶颈环节是需要重点关注的对象。这些环节往往会导致整个流程的执行效率低下，甚至可能引发故障和事故。因此，通过数据分析和实地考察等方式，找出流程中的瓶颈环节，并对其进行深入分析，是流程梳理的重要环节。瓶颈环节的识别需要综合考虑多个因素，包括流程的执行时间、资源消耗、人力投入等。通过对这些因素的综合分析，找出导致瓶颈的根本原因，并制定相应的解决方案。这样不仅可以提高流程的执行效率，还可以降低运维成本，提高整个配电网的可靠性和稳定性。

3. 浪费识别

除了瓶颈环节外，运维流程中还可能存在浪费现象。这些浪费现象包括时间浪费、资源浪费和人力浪费等。时间浪费可能表现为等待时间过长、重复工作等；资源浪费可能表现为设备闲置、材料浪费等；人力浪费则可能表现为人员配置不合理、工作负担过重等。通过优化流程，减少不必要的环节和重复工作，可以显著提高工作效率，降低运维成本。因此，在梳理运维流程的过程中，需要重点关注这些浪费现象，并制定相应的改进措施。

4. 改进方案提出

在识别出瓶颈和浪费后，需要提出具体的改进方案。这些方案应该针对具体的问题，具有可操作性和可行性。在制定改进方案时，需要综合考虑多个因素，包括技术可行性、经济成本、人员配备等。改进方案应该具有明确的目标和预期效果，同时要考虑实施成本和风险。为了确保改进方案的有效实施，还需要制定相应的实施计划和时间表，并明确责任人和考核指标。通过不断地优化和改进运维流程，可以提高配电网的运维效率和质量，降低运维成本，为整个配电网的稳定运行提供有力的保障。

二、流程监控

1. 实时监控

通过先进的监控工具和技术手段，运维人员可以实时收集并展示流程执行过程中的各项数据。这些数据涵盖了从设备状态、运行参数到人员操作等各个方面，为运维人员提供了全面、准确的信息支持。实时监控的意义在于，能够及时发现并解决流程中的问题和瓶颈，确保运维工作的顺利进行。实时监控的实现依赖于高效的数据采集、传输和处理系统。首先，数据采集系统需要能够实时、准确地收集各种设备和系统的运行数据；其次，数据传输系统需要确保数据的实时性和可靠性，将采集到的数据及时传输到监控中心；最后，数据处理系统需要对接收到的数据进行快速、准确的分析和处理，以便运维人员能够迅速了解流程的执行情况。

2. 异常处理

在实时监控的过程中，一旦发现异常情况或故障发生，运维人员需要立即启动应急响应机制进行处理。这包括了对故障的快速定位、分析和解决，以及对相关设备和系统的恢复和调试。运维人员还需要对故障进行详细的记录和分析，以便后续对运维流程和系统进行改进和优化。异常处理是运维工作中最为紧急和重要的环节之一。它要求运维人员具备丰富的专业知识和经验，能够迅速判断故障的原因和影响范围，并采取相应的措施进行解决。运维人员还需要具备良好的沟通能力和团队协作精神，以便在故障处理过程中与其他部门和人员保持紧密的联系和协作。

3. 资源管理

流程监控还包括对资源的合理分配和管理。在配电网运维工作中，资源包括人力资源、物资资源、技术资源等各个方面。通过监控工具实时了解资源的使用情况并进行调整和优化，可以确保资源的充分利用和避免浪费。资源管理在运维工作中具有重要的意义。首先，它可以提高运维工作的效率和质量。通过合理分配和管理资源，可以避免资源的浪费和重复投入，降低运维成本；也可以确保各项运维任务的顺利进行和完成。其次，资源管理还可以提高运维工作的灵活性和适应性。在电网运行过程中，各种因素都可能对运维工作产生影响。通过灵活调整和管理资源，可以迅速应对各种变化和挑战，确保电网的稳定运行和供电质量。

第三节　基于大数据的运维决策优化

一、优化数据收集

数据收集是大数据应用的基础和前提。在配电网运维领域，数据收集主要通过传感器、智能仪表等设备实现。这些设备可以实时监测配电网的电压、电流、功率因数、谐波等关键参数，并将数据实时传输到数据中心。还可以利用其他数据源，如天气数据、用户用电数据等，对配电网的运行状态进行更全面的了解。

在数据收集过程中，需要注意：①确保收集到的数据能够全面反映配电网的运行状态，包括各种参数和影响因素；②配电网的运行状态是动态变化的，因此需要实时收集数据，以便及时发现潜在问题；③数据的准确性对于后续的数据分析和决策支持至关重要，因此需要确保数据的准确性和可靠性。

二、优化数据分析

（1）数据清洗。在这个阶段，需要对收集到的数据进行预处理，包括去除冗余的重复数据、填充缺失值、纠正录入错误等。

（2）数据探索。通过描述性统计分析，如计算均值、中位数、方差等，以及可视化工具，如直方图、散点图等，可以了解数据的分布特征、趋势变化以及变量间的相关性。这一阶段旨在为后续的深入分析提供基础和方向。

（3）特征提取。它涉及从原始数据中挖掘出有价值的信息。在配电网运维中，这可能包括电压波动的频率和幅度、电流的瞬时变化、设备的运行温度等关键特征。

（4）建模分析。利用机器学习、数据挖掘等高级算法，对提取出的特征进行建模。例如，可以使用异常检测算法识别出可能的设备故障，或者使用优化算法寻找降低能耗的策略。这些模型能够帮助我们从复杂的数据中发现规律，提出改进措施。

在实际操作中，数据分析往往需要结合多种技术和方法。时间序列分析可以帮助我们理解数据随时间的变化规律，关联规则挖掘可以揭示不同变量间的隐藏关系，聚类分析则可以将配电网的不同部分划分为具有相似特征的组，以便进行更精细化的管理。

三、优化决策支持

（1）故障预警。通过实时监测和分析设备的运行数据，可以发现那些微小的异常变化，这些变化可能是潜在故障的早期信号。例如，通过对历史故障数据的深度学习，可以建立预测模型，提前预警可能的故障，从而在问题变得严重之前进行干预，大幅降低了故障发生或扩大的风险。

（2）数据分析。通过对运维数据的深入分析，可以识别出效率低下、资源浪费的环节，然后制定相应的优化策略。例如，通过分析设备的能耗数据，可以找出能耗异常的设备，调整其工作参数或优化其运行模式，以实现节能减排和延长设备寿命的目标。数据分析还可以帮助我们更合理地分配运维资源，如人力、物力和财力，以提高整体运维效率和效果。

（3）风险评估。通过对配电网的运行数据进行统计分析和建模，可以评估出系统在不同条件下的风险水平，预测可能出现的故障模式和影响范围。这为决策者提供了宝贵的风险控制信息，使他们能够提前制定应对策略，降低风险对系统稳定运行的影响。

（4）决策可视化。通过使用图表、仪表盘等可视化工具，可以将复杂的数据分析结果以直观、易理解的方式呈现给决策者。这不仅帮助他们快速把握配电网的运行状态，发现潜在问题，还能帮助他们更清晰地看到优化空间，从而做出更明智、更快速地决策。

第四节　智能运维工具与平台的应用

一、智能运维工具与平台的选择

配电网作为电力系统中与用户直接相连的部分，其运维工作至关重要。在选择智能运维工具和平台时，需充分考虑配电网的特点和需求。

1. 智能巡检机器人

智能巡检机器人配备了先进的自主导航系统，能够在铁路、电力线路、油气管道等各种复杂环境中准确无误地执行巡检任务。它们的"眼睛"是高分辨率的摄像头和各种精密传感器，能够360°无死角地捕捉到线路的微小变化，如裂纹、腐蚀、异物侵入等，确保基础设施的安全稳定运行。

将收集到的数据通过无线通信技术实时传输到运维中心，工作人员无需亲临现场，即可在监控平台上清晰地看到线路的实时状态，大幅提高了巡检的效率和准确性。智能巡检机器人还具备强大的数据分析和学习能力，能够对收集到的数据进行智能分析，识别潜在的风险和故障，甚至预测未来可能出现的问题，为运维决策提供强有力的数据支持。

智能巡检机器人的应用，极大地减轻了运维人员的工作强度，减少了人工巡检可能带来的安全风险，同时也显著提高了巡检的频率和质量，实现了24h不间断的高效巡检。据统计，使用智能巡检机器人，巡检效率可以提高40%以上，而且减少了人为因素导致的误判和漏检。

2. 无人机巡检系统

无人机巡检系统以其独特的灵活性、高效性和安全性，逐步改变传统的人工巡检模式。无人机可以搭载高清摄像头，无论是在复杂的地形中，还是在高耸的输电塔上，都能捕捉到细微的设备异常。而红外热像仪的应用，使得无人机能够检测到肉眼无法察觉的热能异常，如导线接头过热、设备内部故障等，极大地提高了故障的早期发现率，从而有效避免了可能的电力事故。

无人机巡检系统还具备自动规划航线的能力。通过集成的GPS和GIS系统，无人机可以精确地按照预设路线进行飞行，无需人工实时操控，大幅减轻了操作人员的工作负担。自主飞行功能使得无人机在遇到突发情况时，如强风、雷雨等，能够自主判断并采取避险措施，确保了巡检工作的安全进行。

在完成一次巡检任务后，无人机可以自动返回充电站进行快速充电，无需等待电池自然充满，极大地提高了巡检的连续性和效率。

3. 大数据分析平台

大数据分析平台利用先进的数据处理和挖掘技术，对配电网的海量运行数据进行深度分析，能够揭示出那些隐藏在复杂数据背后的潜在问题和模式。这不仅包括对设备状态的实时监控，以预测可能的故障，也包括对电网运行效率的优化，以预防可能的安全隐患。

大数据分析还能帮助运维人员优化运维策略。通过对历史数据的分析，可以识别出故障的常见模式，以及哪些因素可能导致故障的发生。基于这些信息，运维人员可以制定出更具有针对性的预防性维护计划，减少不必要的巡检和维护工作，从而提高运维工作的效率。

4. 云计算平台

（1）云计算平台能够实时处理海量的运行数据。配电网运行数据的实时性、完整性和准确性对于运维人员来说至关重要。通过云计算平台，运维人员可以实时获取这些数据，实现对配电网的远程监控，无论他们身处何处，都能及时了解电网的运行状态，极大地提高了运维的灵活性和响应速度。

（2）云计算平台的高效数据分析能力为智能运维提供了强大的支持。在大数据和人工智能技术的加持下，云计算平台可以对收集到的运行数据进行深度分析和挖掘，发现潜在的故障隐患，预测设备的性能趋势，甚至可以实现故障的自动识别和定位，从而提前进行维护，避免了可能的停电事件，保证了电力供应的稳定性和可靠性。

（3）云计算平台支持各种复杂的运维应用。例如，通过云计算平台，可以开发和运行故障诊断系统、能效管理系统、设备健康管理平台等，这些应用能够帮助运维人员更科学、更精准地管理配电网，提升运维工作的智能化水平。

二、智能运维平台的搭建

1. 智能运维平台的数据集成

在配电网中，各种设备、系统和应用产生的数据种类繁多、格式各异，如何将这些数据有效地集成起来，是智能运维平台需要解决的首要问题。

（1）智能运维平台的数据集成始于对多元化数据源的全面捕获与接入。这要求平台具备高度的灵活性和可扩展性，以适应不断变化的电网环境和日益增长的数据需求。从底层硬件设备如智能电表、传感器、断路器、变压器等，到上层管理系统如 SCADA 系统、地理信息系统（GIS）、企业资源计划（ERP）系统等，再到各类应用如资产管理软件、故障报修系统等，平台均需提供无缝对接的支持。通过集成 API 接口、数据库直连、文件传输服务（FTP/SFTP）、消息队列等多种接入方式，平台能够实时、准确地获取电网运行中的各类数据，包括实时流数据和历史数据，为后续的数据处理与分析奠定坚实的基础。

（2）面对来自不同数据源的海量数据，数据清洗与整合成为智能运维平台不可或缺的一部分。平台内置的数据清洗工具，如自动化去重算法、智能缺失值填充策略、异常值检测与修正模型等，能够有效解决数据质量问题，确保数据的准确性、完整性和一致性。同时，通过数据整合技术，如数据映射、格式转换、数据聚合等，平台将不同来源、不同格式的数据整合为统一、标准化的数据格式，便于后续的数据分析和挖掘工作。这一过程不仅提升了数据的质量，也为运维人员提供了更加清晰、直观的数据视图。

（3）为了促进数据在电网运维过程中的共享与复用，智能运维平台建立了统一的数据标准和元数据管理机制。通过定义清晰的数据模型、数据字典和元数据规范，平台确保了数据的可理解性、可访问性和可追溯性。元数据作为数据的"数据"，不仅记录了数据的物理属性（如数据类型、大小、存储位置等），还揭示了数据的业务含义、来源、更新频率等关键信息。运维人员可以通过查询元数据，快速了解数据的全貌和背景信息，从而更加高效地使用数据支持决策。此外，元数据管理还有助于平台实现数据的版本控制、权限管理等高级功能，保障数据的安全性和合规性。

2. 智能运维平台的应用扩展

随着配电网规模的不断扩大和运维需求的不断增加，智能运维平台需要具备良好的可扩展性。这意味着平台需要能够支持更多的智能运维工具和平台，以满足不同的运维需求。

为了实现这一目标，平台需要采用开放、灵活的架构设计。一方面，平台需要支持多种智能运维工具和平台的接入，包括各种传感器、监测设备、分析软件等；另一方面，平台需要提供丰富的 API 和接口，方便用户根据自己的需求进行定制和开发。平台还需要具备良好的兼容性和互操作性。这意味着平台需要能够与现有的各种系统和平台进行无缝对接和集成，以实现数据的共享和协同工作。这不仅有助于提高运维效率和质量，还能够降低运维成本和维护难度。

3. 智能运维平台的安全保障

智能运维平台作为配电网运维管理的核心系统之一，需要采取多种安全措施来确保数据的安全性和完整性。

（1）平台需要采用数据加密技术来保护数据的机密性。为了确保敏感数据在传输和存储过程中的绝对安全，智能运维平台需采用先进的数据加密技术。这包括但不限于使用高强度加密算法（如 AES、RSA 等）对关键数据进行加密处理，确保即使数据在传输过程中被截获或在存储介质上被盗取，也无法被未经授权的用户轻易解密。同时，平台还应支持加密密钥的动态管理和定期更换策略，以应对潜在的密钥泄露风险，进一步加固数据的安全防线。

（2）平台需要实现身份认证和访问控制功能。为了防止非法用户侵入系统，智能运维平台需实现严格的身份认证和访问控制机制。这要求平台具备完善的用户管理体系，能够对用户身份进行准确识别，并通过多因素认证（如密码、生物识别、动态令牌等）提高认证的安全性。在身份认证通过后，平台还需根据用户的角色和权限分配相应的访问资源，确保用户只能访问其被授权的数据和功能。此外，平台还应支持权限的动态调整和历史追溯功能，以便在发生安全事件时能够迅速定位问题源头并采取相应的补救措施。

（3）平台需要建立完善的日志审计和监控机制。为了及时发现和应对潜在的安全风险，智能运维平台需建立完善的日志审计和监控机制。这要求平台能够全面记录用户的操作行为、系统运行状态以及安全事件等信息，并通过可视化界面或报警系统向运维人员实时展示这些信息。通过对日志数据的深入分析和挖掘，运维人员可以及时发现异常行为和潜在的安全隐患，并采取相应的措施进行处理。同时，平台还应支持日志数据的长期保存和快速检索功能，以便在需要时进行安全审计或取证工作。

三、智能运维工具和平台的应用推广

智能运维平台和工具的构建是提升运维工作效率和质量的关键步骤。技术的引入仅仅是第一步，更重要的是要确保运维团队能够有效地接纳和利用这些新的工具，以实现运维工作的智能化转型。

（1）培训与教育是推广智能运维工具和平台的基础。运维人员需要从理论到实践，全面了解智能运维的原理、功能和操作方式。通过模拟实际工作场景的练习，使他们能够在实际操作中熟练应用，从而提高运维工作的效率和准确性。

（2）案例分享是激发运维人员对智能运维热情的有效手段。通过分享来自不同地区、不同规模的配电网在使用智能运维工具和平台的成功案例，可以直观地展示出智能运维在故障预测、性能优化、成本控制等方面的优势和实际效果。

（3）激励措施的制定是推动智能运维工具和平台广泛应用的重要驱动力。这可能包括设立使用量或效果显著的奖励机制。提供及时的技术支持和服务，解决他们在使用过程中遇到的问题，也能进一步增强他们对智能运维工具和平台的依赖和满意度。

（4）持续改进是确保智能运维工具和平台长期有效性的关键。运维人员的反馈是改进过程中的宝贵资源，应定期收集他们的意见和建议，以了解工具在实际应用中的优点和不足。然后，根据这些反馈进行必要的调整和优化，以更好地满足运维人员的需求，提高工具的易用性和实用性，从而持续提升运维工作的智能化水平。

第五节　运维人员的培训与技能提升

一、培训需求分析

1. 数字化运维需求分析

运维人员要时刻保持敏锐的洞察力，不断学习和掌握新技术，以应对不断变化的运维环境。这不仅要求运维人员具备扎实的专业知识，还需要他们具备快速学习和适应新技术的能力。

在数字化时代，配电网运维涉及的领域变得更加广泛和复杂。传统的运维工作主要集中在硬件设备的维护和管理上，但如今，运维人员还需要关注软件系统、网络安全等多个方面。这意味着运维人员需要具备更高的综合素质和跨界能力。他们需要了解不同领域的知识和技术，以便更好地应对各种复杂的运维问题。随着云计算、物联网等技术的广泛应用，运维人员还需要具备云计算和物联网相关的知识和技能，以便更好地应对这些新技术带来的挑战。

大数据技术的应用使得运维工作更加依赖数据分析。通过对大量运维数据的收集、分析和挖掘，运维人员可以更加准确地了解系统的运行状况、预测潜在的风险和问题，并据此制定科学的运维策略和决策。因此，运维人员需要掌握数据分析和挖掘技能，以便更好地利用大数据技术来提高运维工作的效率和质量。

通过应用人工智能技术，运维人员可以实现更加智能化和自动化的运维管理。例如，利用人工智能技术可以实现对系统运行状况的实时监控和预警、自动识别和修复故障、优化资源配置等。这不仅可以大幅提高运维工作的效率，还可以降低运维成本。因此，运维人员需要掌握相关的人工智能技术知识和技能，以便更好地应用这些技术来提高运维工作的智能化水平。运维人员还需要关注新技术的发展趋势和动态，以便及时调整和优化运维策略和方法。

2.运维人员现状分析

为了收集运维人员的反馈，可以采用多种方法，比如问卷调查、面对面的访谈等。收集到运维人员的反馈后，需要对这些信息进行整理和分析。通过对比运维人员的技能现状与行业标准或企业要求，可以找出运维人员在技能上的短板和不足之处。结合运维人员的学习意愿和职业规划，可以为他们制定一份个性化的培训计划。这份计划应该具有针对性、实用性和前瞻性，能够帮助运维人员快速提升自己的技能水平，适应配电网数字化的发展趋势。

二、培训计划制定

（一）培训内容

1.技术技能培训

运维人员要掌握计算技术、大数据技术、网络安全技术、自动化运维技术等。运维人员运用云计算的基本原理、架构、部署和管理等方面的知识，能够高效地利用云资源，提升运维效率；运维人员需要了解大数据的采集、存储、处理和分析等关键技术，以及如何在配电网中应用大数据技术；运维人员需要掌握网络安全的基本原理、常见的攻击手段和防御策略，以及如何进行安全事件的应急响应和处置。运维人员需要了解自动化运维的基本原理、工具和平台，并学习如何运用自动化运维技术实现监控、告警、故障排查等工作的自动化。

2.软技能培训

运维人员要具有良好的团队协作能力、沟通能力、问题解决能力、学习能力，只有这样，运维人员才能够与其他部门或团队成员有效沟通、协作，共同解决问题。较强的学习能力能够让运维人员持续学习新技术、新知识，以适应不断变化的运维环境。

（二）培训方式

1.线上培训

线上培训打破了传统培训的时间和空间限制，使得运维人员能够根据自己的时间安排进行学习。通过在线课程、视频教程等多样化的学习材料，运维人员可以随时随地获取所需的知识和信息。线上培训还提供了丰富的互动功能，如在线答疑、讨论区等，使得学习过程更加生动有趣。运维人员可以在这些平台上与讲师和其他学员进行实时交流，分享学习心得，解决学习中遇到的问题。这种互动不仅增强了学习的趣味性，还促进了学员之间的交流和合作。

2. 线下培训

线下培训则以其面对面的教学方式，为运维人员提供了更加直观和深入的学习体验。在培训现场，运维人员可以亲身感受到数字化运维的实际操作和应用场景，通过与讲师和其他学员的互动，更加深入地理解和掌握相关知识。线下培训通常还会安排实践环节，让运维人员在实践中加深对知识的理解和应用。这种实践机会能够帮助他们更好地将理论知识转化为实际操作能力。线下培训还能够促进学员之间的交流和合作，增强团队协作能力和集体荣誉感。

3. 内部培训

内部培训是一种成本较低且效果显著的培训方式。企业可以充分利用内部的资源和经验，组织内部专家或经验丰富的运维人员担任讲师，分享他们的知识和经验。这种培训方式更加贴近企业的实际需求。内部讲师通常对企业的情况非常了解，能够针对企业的实际情况和运维人员的实际需求进行有针对性的培训。内部培训还能够增强运维人员对企业的认同感和归属感，促进企业文化的传承和发展。

4. 外部培训

外部培训则能够引入外部专家的知识和经验，为运维人员提供更加全面和深入的培训。通过参加行业研讨会、培训班等方式，运维人员可以了解行业最新动态和技术发展趋势，拓宽视野和思路。外部培训通常具有较高的专业性和权威性，能够为运维人员提供权威性的指导和建议。外部培训还能够让运维人员与同行进行交流和合作，帮助他们更好地了解行业动态和技术发展趋势，提高自己的职业竞争力。

（三）培训时间

1. 培训时间的合理安排

培训时间的安排需要充分考虑到运维人员日常工作的繁忙程度。培训时间应尽量避免与运维人员的主要工作任务相冲突，以确保他们在完成工作任务的也有足够的时间和精力参与培训。考虑到运维人员数量可能较多，可以采取分期分批的培训方式，这样既可以保证每个人都有机会参与培训，也可以确保培训质量。可以通过定期组织复习课程、分享会、在线学习等方式建立培训机制，使其成为一个持续的过程。

2. 培训计划的制定

在制定培训计划时，需要充分明确培训的目标和期望成果，根据培训目标，确定需要讲解的知识点和技能点。内容应涵盖配电网数字化运维的各个方面，包括系统操作、数据分析、故障排查等。选择合适的培训方式，如面授课程、在线学习、实践操作等。不同的方式有不同的优缺点，需要根据运维人员的实际情况和需求进行选择。选择具有丰富经验和专业知识的讲师进行授课。他们应该能够深入浅出地讲解复杂的技术问题，并能够与运维人员进行有效的互动和交流。建立培训评估机制，对培训效果进行评估和反馈。这可以通过考试、问卷调查、案例分析等方式实现。评估结果可以帮助我们了解运维人员的学习情况和存在的问题，以便我们及时进行调整和改进。

三、培训实施与评估

1. 培训实施

（1）培训内容的实用性和针对性是确保培训效果的基础。要根据运维人员的实际工作需求，设计出与他们日常任务紧密相关、能够解决实际问题的培训课程。此外，实践操作也是提升理解和应用能力的有效方式，通过实际操作，运维人员可以更好地将理论知识转化为实际技能。

（2）增强培训过程中的互动性和交流性，可以激发运维人员的学习兴趣，提高他们的参与度和积极性。此外，还可以利用现代教育技术，如在线问答平台、互动式教学软件等，提供更加丰富和便捷的交流渠道，使培训过程更加生动有趣。

2. 培训效果评估

可以利用问卷调查获取运维人员的反馈。此外，为了鼓励运维人员提供真实的反馈，可以保证他们的匿名性。面对面的访谈是一种更为深入的反馈方式。通过直接对话，可以更深入地了解运维人员对培训的具体感受。这种互动式的反馈方式也有助于建立更开放、更直接的沟通环境。

观察运维人员在实际工作中的表现是评估培训效果的直接方式。这包括他们是否能将所学知识应用到工作中，工作效率是否有所提高，处理问题的能力是否增强等。这种"实践中的反馈"能更直观地反映出培训的实际效果，而非仅仅停留在理论层面。

根据收集到的反馈和观察结果，可以对培训计划进行及时的调整和优化。

第六节　运维效率与质量的评估与改进

一、评估指标的制定

在配电网的运维管理中，评估指标的制定是确保运维效率与质量的基础。这些指标不仅反映了运维团队的工作效果，还直接关系到电网的稳定性和可靠性，进而影响整个电力系统的运行质量。

1. 故障处理时间

在配电网中，故障处理时间的评估尤为重要。由于配电网直接面向终端用户，任何故障都可能迅速导致供电中断，影响用户的生活和生产活动。因此，运维团队必须迅速响应并有效解决故障，以减少停电时间和损失。

（1）故障发现时间是衡量运维团队监控系统能力的标尺。快速识别出系统中的异常和故障，可以尽早防止问题的恶化，减少可能造成的损失。这通常需要团队具备高度的技术敏感度和精细的监控工具，以便在故障出现的第一时间捕捉到信号。

（2）响应时间是指从故障被发现到运维团队开始采取行动的时间间隔。高效的运维团队会立即对问题进行分析，制定并执行解决方案，以最小化对业务的影响。这不仅要求团队具备快速决策的能力，还需要他们有良好的沟通机制，确保信息在团队内部的快速传递。

（3）解决时间是从响应开始到故障完全消除的时间。这一步骤通常是最耗时的，可能涉及复杂的系统调试和修复。优秀的运维团队会通过持续优化的故障解决流程，以及积累的故障案例库，来提高故障解决的效率。

故障处理时间短意味着运维效率高，但运维团队在追求速度的同时也需要确保问题的彻底解决，防止故障的再次发生。

2. 设备可用率

在配电网中，设备可用率是衡量电网稳定性和可靠性的重要指标。高设备可用率意味着电网中的设备能够长时间稳定运行，减少因设备故障导致的停电次数和时间。

设备可用率是衡量一个系统或设备稳定性和可靠性的重要指标，它是指设备在规定时间内正常运行的比例。这个比例越高,意味着设备的故障率越低,用户能够连续、无阻碍地使用设备,从而获得更佳的体验。高设备可用率也直接降低了业务运行的风险,因为设备的频繁故障可能导致服务中断,影响业务的正常运营,甚至可能造成数据丢失或客户流失。

设备可用率的提升往往需要从设备设计、制造、维护等多方面进行优化。例如,采用更高质量的元器件,优化系统架构以提高容错能力,建立完善的预防性维护制度,通过预测性维护技术提前发现并解决潜在问题等。这些都是企业为了提高设备可用率,降低运营成本,增强市场竞争力所必须考虑的因素。

3. 变更成功率

在配电网中,系统变更管理涉及对电网结构、设备配置或运行参数的调整。高变更成功率意味着运维团队能够准确、高效地完成变更工作,确保电网的稳定运行。

系统变更管理涉及对现有系统的修改、升级或整合,以满足业务发展的需求。因此,评估运维团队在执行系统变更时的准确性和效率,是衡量其专业水平和业务影响的关键指标。

变更成功率高意味着团队能够准确地识别、规划和执行变更,有效地降低了因变更操作失误导致的系统故障风险。

高变更成功率并非易事,它需要运维团队具备深厚的技术知识、严谨的风险评估能力以及出色的项目管理技巧。团队需要对每一次变更进行详尽的分析,预测可能的系统影响,制定周密的执行计划,并在变更过程中实施严格的监控和控制。此外,有效的变更管理还依赖于强大的自动化工具,如自动化测试、部署和回滚机制,这些工具可以减少人为错误,提高变更的效率和安全性。

4. 服务质量满意度

在配电网运维中,服务质量满意度是衡量运维团队工作效果和用户体验的重要指标。通过定期收集和分析用户反馈,可以了解运维服务的质量和存在的问题,为后续的改进和优化提供依据。

在现代商业环境中,客户满意度被视为衡量企业服务质量的重要指标,尤其是在运维服务领域。运维团队的主要任务是确保企业的 IT 系统稳定运行,及时处理故障,以及不断优化用户体验,以支持业务的连续性和增长。因此,通过定期进行用户调查或实施满意度评分系统,收集并分析用户反馈,是评估运维服务效果的关键步骤。

用户满意度的高低，实际上是对运维团队工作效果的直接反映。当用户对运维服务的满意度较高时，这表明团队在响应时间、问题解决能力、系统稳定性以及与用户的沟通效果等方面都达到了较高的标准。

高满意度也意味着运维团队在提升业务连续性方面取得了显著的成果。当IT系统运行稳定，故障发生率低，用户可以不间断地进行工作，这将极大地提高工作效率，从而对企业的发展产生积极影响。如果用户对系统的易用性和功能优化感到满意，也表明运维团队在提升用户体验方面做出了有效的努力。

用户满意度并非一成不变，它会随着服务质量和用户需求的变化而波动。因此，运维团队需要持续收集和分析满意度数据，及时发现潜在问题，调整服务策略，以满足用户的动态需求。也应该鼓励用户提出改进建议，以实现服务的持续优化和提升。

二、定期评估

（一）评估周期

在配电网数字化安全与应急响应体系中，运维效率与质量的评估周期扮演着至关重要的角色。这一周期的设定不仅要考虑到运维工作的实际情况，还要确保能够持续监督运维工作，同时避免给运维团队带来过大的额外工作负担。

从常规的角度来看，我们建议每季度或每年进行一次全面的运维效率与质量评估。这样的评估周期可以确保对运维工作的全面审视，及时发现并解决潜在问题。季度评估可以帮助团队在较短的时间内对过去一段时间的工作进行总结，及时调整工作策略；而年度评估则能够提供一个更为宏观的视角，对全年的运维工作进行综合分析，为下一年的工作规划提供有利依据。

在某些特殊情况下，评估周期可能更加灵活和频繁。例如，在系统升级、重大活动保障等关键时期，系统的稳定性和可靠性至关重要。此时，为了及时发现并解决问题，确保系统的稳定运行，可以根据实际需要，对特定领域或关键指标进行月度或周度评估。这样的高频评估可以迅速发现潜在风险，为团队提供及时的反馈和指导，确保系统在关键时刻能够稳定、高效地运行。

在设定评估周期时，还需要充分考虑到运维团队的实际情况。如果团队规模较小或人力紧张，可以适当延长评估周期，确保团队能够有足够的时间和精力进行日常运维工作；如果团队规模较大或拥有较多的人力资源，则可以适当缩短评估周期，以便更及时地发现和解决问题。

（二）评估方法

1.定量评估

（1）故障处理时间。故障处理时间是衡量运维团队响应速度和处理能力的重要指标。通过记录每次故障从发现到解决所需的时间，可以评估运维团队在应对突发故障时的效率和效果。故障处理时间的缩短意味着运维团队能够更快地恢复系统正常运行，减少对用户的影响。

（2）设备可用率。设备可用率反映了设备在正常运行状态下的稳定性和可靠性。可以定期统计设备的运行时间和故障时间，计算设备可用率。高可用率的设备意味着更少的故障和更高的系统稳定性，有助于提升运维效率和质量。

（3）运维成本。运维成本是评估运维工作经济效益和成本控制情况的重要指标。可以记录并分析运维过程中产生的各项费用，包括人员成本、设备成本、维护成本等。通过对比不同时间段或不同项目之间的运维成本，可以评估运维工作的成本控制情况，为管理层提供决策支持。

（4）工作效率。工作效率是评估运维团队工作效果的重要指标。可以通过对比实际完成工作量与计划工作量，计算工作效率。高效的工作团队能够在规定时间内完成更多的工作任务，提高运维效率和质量。

2.定性评估

（1）用户调查。可以设计问卷或调查表，邀请用户参与调查。问卷内容涵盖用户对运维服务的满意度、存在的问题、建议等方面。通过收集和分析用户反馈，可以了解运维服务在实际应用中的效果和问题，为后续的改进和优化提供依据。

（2）访谈。除了用户调查外，还通过访谈的方式深入了解用户的需求和意见。访谈对象可以包括用户代表、关键用户等。通过访谈，可以更直接地了解用户的想法和感受，为运维服务的优化提供有针对性的建议。

3.综合评估

综合定量评估和定性评估的结果，可以得出一个全面、客观的运维效率与质量评估报告。这份报告将包括各项指标数据、用户反馈、存在的问题和改进建议等内容。通过综合评估，可以全面了解运维工作的现状和存在的问题，为管理层提供决策支持，指导后续的改进和优化工作。同时，评估报告还可以作为运维团队自我提升和学习的参考资料，帮助团队不断提高运维效率和质量。

（三）评估报告

评估完成后，要撰写详细的评估报告。这份报告是评估工作的直接体现，也是后续改进工作的基础。

在评估报告中，首先要对评估结果进行概述，包括对运维效率与质量的整体评价，以及各项具体指标的得分情况。通过对比历史数据，可以清晰地看到运维工作的进步与不足。

在概述评估结果后，需要对发现的问题进行深入分析，包括问题的性质、产生的原因以及可能带来的影响等方面。通过分析，可以更准确地把握问题的实质，为后续的改进提供有针对性的建议。

针对分析出的问题，评估报告应提出具体的改进建议。这些建议应基于当前的实际情况，并考虑到未来的发展趋势。建议的内容可以包括改进的具体措施、实施的时间表和预期的效果等方面。通过明确的建议，可以帮助相关部门和人员更好地开展改进工作。

评估报告完成后，应及时向相关领导和部门汇报。这不仅可以使领导对运维工作的实际情况有更深入的了解，还能为领导决策提供依据。同时，通过向其他部门汇报，可以促进部门之间的沟通和协作，共同推动运维工作的改进。

三、改进措施制定

1. 优化故障处理流程

（1）建立故障快速响应机制是缩短处理时间的关键步骤。这可能包括设立专门的故障响应团队，他们在接收到故障信号后能立即行动，进行初步的故障评估和处理。此外，利用自动化工具，如 AI 驱动的故障预测和诊断系统，可以显著提高响应速度，减少人为错误和延迟。例如，IBM 的 Watson 运维解决方案就能实时分析大量数据，预测并自动处理可能的故障。

（2）加强故障排查和定位能力是提高效率的重要手段。这需要对系统进行深入的理解，包括其工作原理、常见故障模式以及可能的解决方案。通过定期的故障模拟演练，可以提升团队的故障处理技能，使他们在面对真实故障时能迅速找到问题的根源。利用先进的故障定位工具，如日志分析软件和性能监控工具，可以帮助更快地定位问题，减少故障排查的时间。

（3）持续的流程改进和技术创新也不可忽视。这可能包括定期审查和更新故障处理流程，以适应系统的变化和新的挑战；引入新的故障预防策略，如冗余设计和自我修复能力，以减少故障的发生；以及投资于员工的培训和发展，提高他们的技术能力和问题解决能力。

2．提高设备稳定性

（1）加强设备的巡检和维护是提高设备稳定性的基础。定期的设备检查可以及时发现潜在的故障，预防设备突然停机的情况发生。定期的维护保养，如清洁、润滑和更换磨损部件，可以显著延长设备的使用寿命，降低设备的故障率。

（2）优化设备配置和参数设置是提高设备稳定性的有效途径。通过对设备的工作参数进行精细化调整，可以使其在最佳状态下运行，从而提高生产效率，减少因设备故障导致的停机时间。

（3）提高设备的冗余性是确保设备稳定性的重要策略。冗余设计是指在系统中设置备份设备或组件，当主设备出现故障时，备份设备可以立即接管工作，确保生产的连续性。

（4）引入先进的设备监控和预测性维护技术是提高设备稳定性的现代解决方案。通过安装传感器和使用物联网技术，可以实时监测设备的运行状态，预测可能的故障，从而提前进行维修，避免设备的非计划停机。

3．加强变更管理

（1）建立完善的变更审批和审核机制是提高变更成功率的基础。这个机制应包括明确的变更申请流程，详尽的变更影响评估，以及由多部门或跨职能团队参与的决策过程。例如，当一个变更提议提出时，应由专门的团队对其可能带来的风险和收益进行全面评估，然后根据评估结果决定是否批准实施。这样的机制可以防止未经充分考虑的变更被仓促执行，从而降低失败的可能性。

（2）加强变更前的测试和验证工作是确保变更质量的关键。在实施变更前，应通过模拟环境进行充分的测试，以验证变更的可行性和预期效果。这可能包括功能测试、性能测试、兼容性测试等，以确保变更不会对现有系统或业务产生负面影响。此外，对于重要的变更，还可以采用逐步推进的方式，先在小范围内试行，验证无误后再全面推广，以降低风险。

（3）加强变更后的监控和评估。通过收集和分析变更后的数据，可以及时发现并处理可能出现的问题，同时也可以为未来的变更提供宝贵的经验教训。这一步骤往往被忽视，但实际上，它是确保变更成功并实现预期效益的重要环节。

第八章

数字化转型的案例分析

第一节　城市智能配电网建设

一、某城市智能配电网建设项目背景

随着城市化进程的加快，电力需求不断增长，传统配电网面临着诸多挑战，如设备老化、运行效率低下、故障响应慢等。为了解决这些问题，某城市决定实施智能配电网建设项目，以提高供电可靠性和服务质量。

二、智能配电网建设内容

1.设备智能化改造

为了提升城市配电网的智能化水平，对全市范围内的配电设备进行了全面的智能化改造。这一改造工程涉及了智能电表、智能开关等关键设备的安装。智能电表不仅具备实时数据采集和传输功能，还能通过远程操控实现用电量的精确计量和计费。而智能开关则能够实现对电力设备的远程控制，提高了电网的自动化水平。

2.数据传输网络建设

该市建设了覆盖全市的电力通信专网，确保了配电设备数据的实时传输和共享。目前，数据传输速度已经达到了每秒 1Gbit/s，极大地提升了数据传输的效率和准确性。这一网络不仅支持设备间的数据交换，还能实现与上级电网、其他城市电网的数据互联互通，为电力调度和规划提供了有力的数据支持。

3.故障自愈系统

故障自愈系统通过智能算法和智能设备的协同作用，能够在故障发生后迅

速定位故障点并自动隔离故障区域。它还能根据电网的运行情况自动调整供电策略，恢复非故障区域的供电。目前，故障自愈率已经达到了90%以上，极大地提升了电网的故障应对能力。

4. 智能运维系统

为了提高运维的效率和可靠性，该市实现了对变电站、配电设施等电力设施的远程监控和自动控制。通过实时监测设备的运行状态和性能参数，运维人员可以及时发现和处理故障隐患。智能运维系统还能根据设备的运行情况和环境参数自动调整运行策略和设备参数，提高设备的运行效率和可靠性。

5. 客户服务升级

在智能配电网的建设中，该市推出了基于移动互联网的电力服务平台。用户可以通过手机或平板电脑随时随地进行电力查询、缴费、报修等操作。平台还提供了用电建议和优化方案，帮助用户降低用电成本和提高用电效率。这一平台的推出不仅提升了用户体验还增强了用户对电力服务的信任度和满意度。

三、项目成效

1. 供电可靠性显著提升

智能配电网的建设极大地提升了该市的供电可靠性。智能电表和配网自动化站点的引入，使得电力管理部门能够实时监控电网的运行状况，并快速响应故障。据统计数据显示，故障停电时间缩短了50%，这意味着居民和企业因电力中断而遭受的损失大幅减少。用户平均停电时间也减少了30%，显著提高了居民的生活质量和企业的运营效率。

2. 运营效率大幅提高

智能设备的远程监控和自动控制功能，使得运维人员能够更加高效地管理配电网。他们可以通过智能系统实时了解设备的运行状况，并远程进行控制和调整。这不仅节省了人力成本，还提高了运维效率。大数据分析平台为电力调度和规划提供了有力支持，使得电力管理部门能够基于数据分析和预测来优化电力调度和规划，进一步提高运营效率。

3. 服务质量显著改善

电力服务平台的推出极大地改善了电力服务的质量。用户可以通过移动应用或在线平台随时随地进行电力查询、缴费和报修等操作，无需再亲自前往营业厅排队办理。这种便捷的服务方式不仅节省了用户的时间和精力，还提高了服务的效率和用户满意度。据统计数据显示，客户满意度提升了 20%，投诉率下降了 15%，这充分说明了电力服务平台在改善服务质量方面所取得的成效。

4. 节能减排效果显著

智能配电网的建设还带来了显著的节能减排效果。通过智能照明、智能空调等系统的应用，电力消耗得到了有效控制。这些智能系统能够根据环境和使用需求自动调节设备的运行状态，减少不必要的能源浪费。据统计数据显示，能源利用效率提高了 10%，这意味着该市在保障电力供应的也实现了节能减排的目标。这不仅有助于降低企业的运营成本，还有助于保护环境，促进可持续发展。

本案例展示了城市智能配电网建设的实践成果和显著成效。通过引入智能化技术和管理手段，该城市成功实现了配电网的数字化转型，提高了供电可靠性和服务质量。未来，随着技术的不断进步和应用场景的不断拓展，智能配电网将在电力行业发挥更加重要的作用。

第二节　农村电网数字化改造

一、农村电网数字化改造项目背景

某农村电网位于我国南方的一个贫困山区，共有 100 个行政村，30000 户居民。由于历史原因和地理环境限制，该地区的电网设施陈旧，供电可靠性低，无法满足当地居民的用电需求。为此，当地电力公司决定实施电网数字化改造工程。

二、数字化改造内容

1. 智能电表安装

为了实时了解居民的用电情况，为每户居民安装了总计 30000 块的智能电表。这些电表不仅能够实时采集用电数据，还能实现远程监控。通过智能电表，可以随时掌握用电峰值、用电习惯等信息，为电力调度和供应提供有力支持。

2.配电网自动化

在配电网方面，建设了 10 个配电网自动化站点。这些站点通过先进的通信技术和自动化控制系统，实现了对配电网的远程控制和故障自动隔离。这不仅提高了电网的响应速度，还减少了因故障导致的停电时间，极大地提升了供电的可靠性和稳定性。

3.移动应用开发

为了方便居民随时查询用电信息、缴纳电费等，开发了移动应用。居民只需在手机上安装该应用，就能随时随地查看自家的用电情况、电费账单等信息，并进行在线缴费。这不仅提高了服务的便捷性，还增强了用户的体验。

4.无人机巡检

为了提高输电线路巡检的效率和安全性，引入了 5 架无人机进行巡检。这些无人机搭载了高清摄像头和传感器，能够全面、快速地检查输电线路的状态和安全隐患。相比传统的人工巡检，无人机巡检不仅提高了效率，还降低了巡检人员的安全风险。

5.物联网技术整合

为了实现各类电力设施和设备之间的数据共享和协同工作，采用了物联网技术。通过物联网技术，将各类电力设施和设备进行连接，实现了数据的实时共享和交换。这不仅提高了电力系统的智能化水平，还为未来的智能电网建设奠定了基础。

三、数字化改造成效

1.供电可靠性提升

通过配网自动化和故障自动隔离技术的应用，电力系统具备了更高的自动化和智能化水平。一旦出现故障，系统能够迅速定位并隔离故障点，减少了停电时间和范围。据统计数据显示，这一改造使得供电可靠性提高了 20%，有效保障了居民和企业的正常用电需求。

2.用电效率优化

通过对海量用电数据的收集、分析和挖掘，平台能够为用户提供个性化的用电优化建议。这些建议基于用户的用电习惯、设备特性和电价政策等因素，帮助用户合理调整用电行为，降低用电成本。据统计，居民用户在采纳了这些建议后，平均每户每月能够节约电费 50 元，显著提高了用电效率。

3. 运维效率提高

无人机巡检和物联网技术的应用使得电力运维工作变得更加高效。无人机可以迅速到达偏远地区或复杂环境进行巡检，及时发现潜在的安全隐患。物联网技术则能够实时监测设备的运行状态和性能参数，为运维人员提供准确的诊断信息。这些技术的应用使得运维效率提高了30%，减少了人力成本和时间成本，提高了电力供应的可靠性和稳定性。

4. 用户体验改善

移动应用的开发使得居民能够享受到更加便捷的服务。用户可以通过手机或平板电脑随时随地查询用电信息、缴纳电费、报修故障等。这种服务方式的变革极大地提升了用户体验和满意度。据统计数据显示，移动应用的推出使得用户满意度提高了15%，用户对电力服务的满意度和信任度得到了进一步提升。

四、关键技术与设备

1. 智能电表

与传统的电表相比，智能电表不仅具备电能计量的功能，还支持远程通信和数据采集。这意味着电力公司可以通过远程系统实时读取用户的用电数据，为用户提供更加个性化的服务，同时也为电力调度和优化提供了数据支持。智能电表的高精度计量功能确保了计量的准确性，而低功耗设计则延长了电表的使用寿命，降低了维护成本。

2. 配电网自动化装置

配电网自动化装置具备远程控制功能，可以实现对配电网中各种设备的远程操控，从而大幅提高了配电网的运维效率。配电网自动化装置还具备故障自动隔离功能，能够在检测到故障时迅速切断故障区域，保证非故障区域的正常供电，减少了停电时间，提高了供电可靠性。

3. 无人机

高性能的无人机搭载了高清摄像头和传感器，可以实时拍摄和传输电力设施的运行情况。通过无人机巡检，可以及时发现电力设施的故障和隐患，为电力抢修和预防性维护提供重要支持。无人机还可以搭载应急设备，如照明灯、发电机等，为电力应急响应提供有力保障。

4. 物联网设备

物联网设备有良好的兼容性和稳定性，可以与各种电力设施进行无缝对接。通过物联网设备，可以将电力设施的运行数据、状态信息等实时传输到数据中心或云平台进行分析和处理。物联网设备还可以实现远程控制功能，使电力设施的运行更加智能化和自动化。

该农村电网数字化改造项目通过引入先进的数字化技术和设备，实现了电网的智能化、自动化和高效化运行。项目的成功实施不仅提高了供电可靠性和用电效率，还带来了显著的经济效益和社会效益。未来，随着技术的不断进步和应用场景的不断拓展，电网数字化改造将在更多领域发挥重要作用。

第三节　工业园区配电网数字化升级

一、项目背景

某工业园区位于我国东部沿海城市，拥有众多高新技术企业和制造业企业。随着企业规模的扩大和用电需求的增长，传统配电网已无法满足其高效、稳定、安全的供电需求。因此，该工业园区决定实施配电网数字化升级项目，以提高供电可靠性和效率。

二、数字化升级目标

1. 提高供电可靠性

通过数字化升级，将实现电网的智能化监控和管理引入先进的故障自动诊断、隔离和恢复系统。这一系统能够实时监控电网的运行状态，一旦发现故障，立即自动定位故障点，迅速切断故障区域，同时启动备用电源或重新配置电力资源，以最短的时间内恢复供电。其目标是将故障停电时间缩短至5min以内，极大地减少因停电给用户带来的不便和损失。

2. 提升供电效率

供电效率是衡量电力行业运营效率的重要指标。数字化升级能够优化电力调度和分配，通过精确的负荷预测和能源管理，实现电力资源的合理配置和高效利用。采用先进的节能技术和设备，降低线路损耗和能源浪费。通过数字化技术的应用，将提高能源利用率，降低运营成本，为用户提供更加经济、高效的电力服务。

3. 保障供电安全

数字化升级能够实时监控设备的运行状态，通过数据分析和预测，及时发现和处理潜在的安全隐患。将建立完善的设备监测和预警系统，对电网的关键设备和重要节点进行24h不间断的监控和检测。一旦发现异常情况，系统将立即发出警报，并自动采取相应的措施进行处置，确保电网的安全稳定运行。同时，加强员工的安全培训和教育，增强员工的安全意识和操作技能，确保供电安全无虞。

三、数字化升级内容

1. 智能感知系统建设升级

电力行业的数字化升级不仅关乎电力供应的稳定性和效率，更与广大用户的用电体验紧密相连。为此，部署了1000套智能传感器，实现对配电网关键节点的实时监测。

2. 智能感知系统建设升级

为了实现对配电网关键节点的实时监测，部署了1000套智能传感器。这些传感器具备高精度、高可靠性和低维护成本的特点，能够实时监测配电网中的电压、电流、温度等关键参数。通过实时数据采集，我们能够及时发现潜在的安全隐患，确保电网的稳定运行。

3. 大数据分析平台升级

为了处理海量的电力数据，构建了基于Hadoop的大数据平台。该平台具备强大的数据存储、处理和分析能力，能够将各类数据资源进行整合，挖掘其中的潜在价值。通过大数据分析，我们能够更准确地预测电力需求，优化电力调度，提高电力供应的效率和可靠性。

4. 自动化运维系统升级

我们采用了先进的AI技术，开发了自动化运维系统。该系统能够实现对变电站、配电设施等电力设施的远程监控和自动控制。通过实时数据分析，系统能够自动发现异常情况，并进行相应的处理。这不仅提高了运维效率，还降低了运维成本。

5. 云计算平台升级

为了满足各类电力业务对计算、存储和网络资源的需求，搭建了基于 Kubernetes 的云计算平台。该平台具备高可用性、高可扩展性和高安全性等特点，能够为各类电力业务提供弹性的资源服务。通过云计算平台，我们能够更快速地响应业务需求，提高业务处理的效率和质量。

6. 移动应用开发升级

为了提升用户的用电体验，开发了 5 款移动应用。这些应用涵盖了电力查询、缴费、报修等一站式服务，用户可以通过手机随时随地查看自己的用电情况，进行电费缴纳和故障报修等操作。这不仅提高了用户的便捷性，还增强了用户的黏性。

7. 物联网技术整合升级

利用 NB-IoT 技术，将各类电力设施、设备和传感器进行连接，实现了数据的实时采集和共享。通过物联网技术整合，我们能够更全面地了解电网的运行情况，及时发现潜在的安全隐患，并采取相应的处理措施。

8. 人工智能应用升级

在故障诊断、智能控制和优化调度等方面，采用深度学习算法等人工智能技术。这些技术能够模拟人类的思维过程，对复杂的电力数据进行处理和分析，提高电力生产和运维的智能化水平。例如，在故障诊断方面，采用基于深度学习的故障识别算法，能够更准确地识别故障类型和位置；在智能控制方面，采用基于强化学习的控制策略，能够实现对电力设施的自动化控制和优化调度。

9. 网络安全防护升级

随着数字化升级的不断深入，网络安全问题也日益凸显。为了确保电力数据的安全，部署了 20 套网络安全设备，并构建了多层次安全防护体系。这些设备包括防火墙、入侵检测系统、数据加密设备等，能够对网络进行全方位的保护。还制定了严格的安全管理制度和操作规范，确保网络的安全运行。

四、数字化升级成效

1. 故障停电时间显著缩短

在数字化升级之前，故障停电的修复时间通常较长，给用户的日常生活和企业的正常运营带来了诸多不便。通过引入智能感知技术，电力系统能够实时监测到故障的发生，并借助大数据分析，快速定位故障点，制定最优的修复方案。这使得故障停电的时间由过去的 30min 大幅缩短至现在的 3min 以内，极大地提高了电力系统的稳定性和可靠性。

2. 线路损耗有效降低

电力传输过程中，线路损耗一直是一个难以避免的问题。传统的电力调度和分配方式往往存在效率低下、资源浪费等问题。而数字化升级后，通过优化电力调度和分配算法，结合智能电网技术，能够实现对电力资源的精准控制和调度。这不仅提高了电力传输的效率，还使得线路损耗降低了 10%，为电力行业带来了显著的经济效益。

3. 设备运维效率大幅提升

传统的运维方式需要大量的人力投入，且效率较低。而数字化升级后，通过引入自动化运维系统，可以实现对设备的实时监控、预警和故障处理。这不仅减少了人力投入，还使得设备运维效率提升了 50%，为电力行业的运维管理带来了革命性的变化。

4. 用户满意度显著提高

电力行业的服务对象是广大用户，因此提高用户满意度是数字化升级的重要目标之一。通过开发移动应用，用户可以随时随地查询用电信息、缴纳电费、报修故障等，使得用户服务更加便捷。数字化升级还使得电力服务更加智能化、个性化，能够更好地满足用户的需求。这些举措使得用户满意度提高了 20%，为电力行业赢得了良好的口碑。

5. 数据安全得到全面保障

通过构建多层次安全防护体系，采用先进的加密技术和安全协议，确保电力数据在传输、存储和使用过程中的安全性。还建立了完善的数据备份和恢复机制，以应对可能的数据泄露和丢失风险。这些措施使得电力数据的安全得到了全面保障，未发生一起数据泄露事件。

本案例通过详细的数字内容展示了工业园区配电网数字化升级的成效和亮点，为其他工业园区提供了有益的借鉴和参考。随着数字化技术的不断发展，配电网数字化升级将成为未来电力行业发展的重要趋势。

第四节　新能源接入与配电网协调优化

一、背景介绍

某地区拥有丰富的风能和太阳能资源，近年来新能源装机容量快速增长。某地区新能源总装机容量达到 500 万 kW，占配电网总装机容量的 30%。新能源的间歇性和不确定性导致配电网面临电压波动、频率偏差等问题，对配电网的稳定运行构成威胁。

二、数字化转型策略

（1）SCADA 系统的升级。升级后的 SCADA 系统能够实时采集配电网各节点的电压、电流、功率等关键数据，并通过大数据分析技术，实现对配电网运行状态的全面监控和预测。

（2）新能源功率预测系统的建设。利用人工智能和机器学习技术，建立新能源发电功率预测模型。通过收集气象数据、历史发电数据等信息，实现对新能源发电功率的精准预测，为配电网调度提供有力支持。该预测系统准确率高达 95%，能提前 30min 准确预测新能源发电功率。

（3）储能系统的集成。在配电网关键节点部署储能系统，通过智能控制算法实现储能系统的充放电管理。储能系统能够在新能源发电不足时提供电力支持，保证配电网的稳定运行。目前，已部署 50 个储能站点，总容量达到 5 万 kWh。

（4）智能调度系统的开发。开发基于人工智能的智能调度系统，根据新能源发电功率预测结果和配电网实时运行状态，自动制定最优调度方案。智能调度系统能够实现对配电网的精准控制，降低运行成本，提高运行效率。该系统已制定超过 1000 个最优调度方案。

三、实施效果

1. 电压波动显著降低

数字化转型后，智能调度系统和储能系统得以深度整合，并协同工作以优化配电网的电压稳定性。通过实时监测和分析配电网的电压数据，智能调度系统能够精确预测并调整电压波动，从而有效降低了电压波动率。据统计，电压波动率降低了15%，这一显著成效极大地保障了用户的用电质量，减少了因电压不稳而造成的设备损坏和电力损耗。

2. 频率偏差大幅减小

新能源功率预测系统是数字化转型的另一大亮点。该系统利用先进的数据分析技术和预测模型，能够准确预测新能源发电的功率输出。这为配电网的调度提供了有力支持，使得调度人员能够提前做出合理的调整，减少了因新能源发电波动而导致的频率偏差。经过实施，配电网的频率偏差减小了0.2Hz，这一成果显著提高了配电网的稳定性和可靠性。

3. 运行成本有效降低

智能调度系统的引入和应用，使得配电网的运行成本得到了显著降低。该系统能够根据配电网的实时运行状态，自动制定最优调度方案，包括能源分配、设备调度等。这种自动化的调度方式不仅提高了工作效率，还降低了人力成本。智能调度系统还能够优化能源使用，减少能源浪费，进一步降低了配电网的运行成本。据统计，运行成本降低了10%，这一成果为电力公司节约了大量资金，提高了经济效益。

4. 可再生能源消纳率大幅提高

数字化转型的实施，使得该地区配电网的可再生能源消纳率得到了显著提高。通过优化配电网的运行策略和调度方式，以及提高新能源功率预测的准确性，配电网能够更好地吸收和利用可再生能源。这不仅促进了可再生能源的广泛利用，也推动了能源结构的转型和升级。据统计，可再生能源消纳率提高了20%，这一成果为环境保护和可持续发展做出了积极贡献。

本案例通过数字化转型的实施，实现了新能源接入与配电网的协调优化。未来，该地区将继续深化数字化转型，探索更多创新技术，推动配电网的智能化、绿色化发展。

第五节　配电网与用户互动服务模式创新

一、案例背景

随着智能电网技术的不断发展，用户对于电力服务的需求也在日益多样化。传统的配电网服务模式已无法满足用户的个性化需求，因此，某电力公司积极探索配电网与用户互动服务模式创新，以提供更加高效、便捷、智能的电力服务。

二、创新点概述

该电力公司创新了配电网与用户互动服务模式，通过引入先进的物联网、大数据、云计算等技术，实现了对用户用电行为的实时监测、分析和管理，为用户提供了更加精准、个性化的电力服务。

三、配电网与用户互动服务模式创新的实践与成效

1. 用户规模与智能电表安装

该电力公司服务的用户总数已达到 100 万户，服务覆盖范围广。为了实现对用户用电行为的实时监测，该公司为其中的 95% 的用户安装了智能电表。这些智能电表不仅实现了用电数据的实时采集，还能确保数据的准确传输，为后续的数据分析和服务提供了坚实的基础。

2. 数据采集与分析

智能电表每 15min 就会采集一次用电数据，这样的高频采集确保了数据的实时性。为了对这些庞大的数据进行有效分析，该公司建立了先进的大数据分析平台。这一平台能够对用电数据进行日、周、月、年的统计分析，为用户提供用电趋势预测，帮助用户更好地规划和管理用电。平台还能根据用户的用电习惯，提供个性化的节能建议，帮助用户降低用电成本。

3. 电力服务 APP 与在线缴费

为方便用户查询用电信息和管理用电行为，该公司开发了电力服务 APP。截至目前，已有 80 万用户下载并使用这款 APP。通过 APP，用户不仅可以随时

查看自家的用电情况，还能实现在线缴费。据统计，通过 APP 实现在线缴费的用户占比已达到 70%，这大幅提高了缴费的便捷性和效率。

4. 故障报修与节能建议

当用户遇到用电故障时，可以通过 APP 进行故障报修。该公司承诺在 30min 内响应，并在 2h 内到达现场进行维修。这种高效的故障处理机制，确保了用户的用电安全。根据大数据分析平台提供的节能建议，用户采纳率达到了 60%。这些建议不仅帮助用户降低了用电成本，还提高了能源的利用效率。

5. 个性化服务与互动社区

该公司为用户提供了个性化服务定制功能。用户可以根据自身需求定制电力服务，以满足不同的用电需求。目前已有 50 万用户定制了个性化服务。该公司建立了电力服务互动社区。用户可以在社区内交流用电经验、分享节能技巧等。社区内日均活跃用户达到 10 万人，形成了浓厚的用电文化氛围。

6. 电力市场与新能源接入

该公司积极推动电力市场化改革，鼓励用户参与电力市场交易。目前已有 20% 的用户参与了电力市场交易，这有助于实现电力资源的优化配置。随着可再生能源的发展，该公司积极接入新能源。目前已有 10 万 kW 的新能源接入配电网，为用户提供了更加清洁、环保的电力供应。

7. 多能源互联与远程监控

该公司实现了电力、天然气、热力等多能源的互联互通。这种多能源互联比例达到 30%，有助于实现能源的高效利用和互补。为实现对配电网的远程监控和管理，该公司建立了 10 个远程监控中心。这些中心能够对配电网进行实时监控和数据分析，确保电网的稳定运行。

8. 服务满意度与投资回报率

根据用户满意度调查，该公司配电网与用户互动服务模式创新的服务满意度达到了 90%。这充分说明了用户对该公司服务的认可和信赖。该创新项目的投资回报率预计将在 3 年内达到 150%。这不仅证明了该项目的经济效益显著，也为公司的可持续发展提供了有力支持。该电力公司通过配电网与用户互动服务模式创新，实现了对用户用电行为的实时监测、分析和管理，为用户提供了更加高效、便捷、智能的电力服务。该创新项目也提高了公司的服务质量和竞争力，为电力行业的数字化转型提供了有益的借鉴。

第九章

数字化安全与应急响应

第一节 数字化安全管理体系的构建

一、数字化安全管理体系概述

数字化安全管理体系是一个全面而系统的框架，融合了信息技术、先进的安全管理理念和组织策略。这一体系的核心目标是在企业数字化转型中，确保企业数据、信息系统、网络基础设施以及关键业务流程的安全性和完整性。它不仅关注技术的安全性，更强调组织层面的策略制定、人员培训、安全文化的建设等多方面因素。

随着信息技术的飞速发展，企业对于数字化的依赖程度越来越高。网络安全威胁也日益增多，黑客攻击、数据泄露、系统崩溃等安全事件频发，给企业的正常运营和声誉带来了严重威胁。数字化安全管理体系的重要性也日益凸显。

（1）保护企业核心资产。企业的数据和信息系统是其核心资产之一，数字化安全管理体系能够确保这些资产的安全性和完整性，防止数据泄露和丢失。

（2）提升企业形象和信誉。通过加强网络安全防护，企业能够降低安全事件的风险，维护良好的企业形象和信誉。

（3）保障业务连续性。数字化安全管理体系能够确保企业在遭受网络攻击或系统故障时能够迅速恢复业务，减少停机时间和损失。

（4）符合法规要求。随着网络安全法规的不断完善和强化，企业需要遵守相关的法规要求，建立数字化安全管理体系是满足这些要求的重要手段。

发达国家和地区的配电网数字化安全管理体系已经相对成熟。这些国家和地区的企业普遍认识到数字化安全管理体系对于配电网稳定、高效运行的重要性，因此投入了大量的资源和精力进行技术研发、人才培养以及体系完善。他们通过引进先进的数字化安全技术和设备，制定并执行严格的安全管理制度和操作规程，确保了配电网在数字化环境下的安全稳定运行。相较于国际先进水平，国内配电网在数字化安全管理体系建设方面还存在一定的差距，比如技术更新滞后、人员培训不足、安全策略不完善。

二、安全管理体系框架

1. 政策与策略制定

政策与策略制定作为安全管理体系框架的基础，为企业提供了明确的指导和管理依据。为了确保系统的稳定运行和数据的安全，企业必须首先明确安全管理的目标。这些目标通常包括降低安全风险、保障系统可用性、保护数据隐私和完整性等。在确定了目标之后，企业需要制定一系列符合企业实际的安全原则。这些原则可能包括"预防为主、综合治理"的原则，即通过提前预防、及时发现和有效应对来降低安全风险；或者"分层防护、纵深防御"的原则，即通过建立多层次的安全防护体系，确保即使在某一层次被突破的情况下，整个系统仍然能够保持安全。安全管理的范围也需要明确界定。这通常包括确定哪些系统、设备、数据和应用需要受到安全管理的覆盖，以及这些系统、设备、数据和应用在哪些场景下需要受到特殊保护。通过明确范围，企业可以确保安全管理工作的针对性和有效性。在制定了目标和原则之后，企业需要制定详细的安全策略和规章制度。这些策略可能包括访问控制策略、数据加密策略、安全审计策略等。规章制度则是对这些策略的具体化和操作化，规定了员工在安全管理中需要遵守的行为规范和操作流程。通过制定这些策略和规章制度，企业可以确保各项安全管理工作有章可循、有据可查。政策与策略制定还需要考虑企业的实际情况和业务需求。例如，对于不同规模和业务类型的企业，安全管理的目标和原则可能有所不同；对于不同等级的数据和系统，也需要制定不同的安全策略和规章制度。因此，在制定政策与策略时，企业需要进行充分的调研和分析，确保制定的政策与策略既符合企业的实际情况，又能够满足业务发展的需求。

2. 安全组织架构

安全组织架构是安全管理体系的核心组成部分，决定了企业如何组织、管理和执行各项安全任务。企业应有相应的部门负责制定和执行安全政策、标准、流程和程序，确保各项安全措施得到有效落实。在安全组织架构中，各部门、岗位和人员的职责和权限应得到明确界定。这有助于确保每个人都知道自己在安全管理中的位置和作用，从而能够更好地履行自己的职责。安全管理是一个综合性的工作，需要不同部门和人员之间的紧密协作。因此，安全组织架构应促进各部门之间的沟通和协作，确保安全管理团队能够形成合力，共同应对各种安全风险和挑战。在数字化配电网中，信息安全事件的风险不容忽视。企业应建立健全的信息安全事件应急响应机制，明确应急响应流程、责任人和资源保障措施。当发生信息安全事件时，能够迅速启动应急响应机制，组织相关人员进行处置，降低事件对企业的影响。

3. 安全管理流程

在配电网数字化安全与应急响应的领域中，安全管理体系框架不仅涵盖了各种安全措施和技术手段，更强调了一套完整的管理流程和制度，以确保配电网的安全稳定运行。其中，安全管理流程作为体系的核心，其完善性和有效性直接关系到整个配电网的安全性能。在安全需求分析阶段，企业需要全面分析配电网在运行过程中可能面临的各种安全风险，包括但不限于设备故障、网络攻击、自然灾害等。通过对这些风险进行识别和评估，企业可以明确安全管理的重点和方向，为后续的安全设计工作提供有力支持。在安全设计阶段，企业需要根据安全需求分析的结果，制定详细的安全设计方案。这包括选择合适的安全设备、构建完善的网络安全防护体系、制定有效的应急响应预案等。通过科学合理的安全设计，企业可以大幅降低配电网在运行过程中发生安全事件的风险。在安全实施阶段，企业需要按照安全设计方案的要求，对配电网进行安全加固和改造。这包括安装安全设备、配置安全策略、优化网络结构等。企业还需要对安全实施过程进行严格的监督和检查，确保各项安全措施得到有效落实。在安全监控阶段，企业需要建立完善的安全监控体系，对配电网进行全天候、全方位的监控和检测。通过实时监控和数据分析，企业可以及时发现和处理各种安全隐患和异常事件，确保配电网的安全稳定运行。

4. 安全培训与教育

（1）安全培训是确保员工掌握基本安全知识的重要环节。企业应定期开展各类安全培训课程，包括但不限于配电网的基本原理、安全操作规程、应急处理流程等。这些课程旨在让员工全面了解配电网的安全风险，掌握预防事故的基本方法，从而在日常工作中能够自觉遵守安全规定，减少人为因素导致的安全事故。

（2）安全教育是培养员工安全意识的重要手段。除了传统的课堂培训外，企业还应利用多种形式的安全教育活动，如安全知识竞赛、安全月活动、安全案例分享等，激发员工对安全问题的关注度和参与度。通过这些活动，员工可以更加深入地理解安全工作的重要性，增强自我防范和自我保护的能力。

（3）建立安全文化也是企业安全管理的重要方面。安全文化是一种以人为本、关注安全的管理理念，它要求企业从制度、环境、行为等多个方面入手，营造出一个安全、稳定、和谐的工作氛围。在建立安全文化的过程中，企业应鼓励员工积极参与安全管理工作，让员工成为安全管理的主体和参与者。企业还应加强对安全工作的宣传和推广，让安全理念深入人心，成为员工的自觉行动。

（4）安全培训与教育应与企业的应急响应机制紧密结合。在应急响应过程中，员工的安全意识和技能水平直接关系到应急处理的效率和效果。因此，企业应将安全培训与教育贯穿于应急响应的全过程，确保员工在应对突发事件时能够迅速、准确地做出反应，最大限度地减少事故损失。

三、安全风险评估与管控

1. 风险识别与评估方法

风险识别与评估方法的选择和实施，直接关系到整个配电网系统安全性的提升和应急响应能力的强化。风险识别是安全风险评估与管控的起点。它要求企业全面、系统地梳理配电网系统中可能存在的各种安全威胁，包括但不限于设备故障、人为操作失误、自然灾害、网络攻击等。这一过程中，企业需要运用专业知识和经验，结合配电网的实际情况，进行细致入微的分析和判断。风险评估是对已识别出的风险进行量化和定性分析的过程。企业应采用科学的评估方法，如定性评估、定量评估和综合分析等，对风险的潜在影响、发生概率和可控性等因素进行综合考虑。定性评估主要依赖专家的主观判断和经验，适用于对风险进行初步分类和判断；定量评估则通过收集数据、建立模型等方式，对风险进行精确计算和量化分析；综合分析则是将定性评估和定量评估的结果相结合，形成对风险的全面、客观的认识。在风险评估过程中，企业还需要根据风险的特点和实际情况，确定风险的等级和优先级。等级划分通常依据风险的潜在影响和发生概率进行，而优先级则根据风险的紧急程度、可控性和对企业运营的影响程度等因素进行确定。通过确定风险的等级和优先级，企业可以更加有针对性地制定风险管控措施和应急响应计划。

2. 风险应对策略与措施

针对识别出的安全风险，企业应制定明确、具体的应对策略。这些策略应基于风险的性质、影响范围和可能发生的概率进行制定。例如，对于技术层面的风险，企业可能需要加强防火墙、入侵检测系统等技术防护措施，以抵御外部攻击；对于管理层面的风险，企业应完善安全管理制度，确保各项安全规定得到严格执行。在制定了应对策略后，企业还需要制定具体的实施措施。这些措施应涵盖各个方面，包括但不限于技术防护、管理制度和员工安全意识提升。例如，在技术防护方面，企业可以定期进行安全漏洞扫描和渗透测试，及时发现并修复潜在的安全隐患；在管理制度方面，企业可以建立安全审计和日志分析机制，对系统的运行情况进行实时监控和分析；在员工安全意识提升方面，企业可以定期开展安全培训和演练，增强员工的安全意识和应对能力。为了确保在发生安全事件时能够迅速响应、妥善处理，企业还应建立风险应对预案和应急响应机制。这些预案和机制应详细规定在发生不同等级的安全事件时，企业应如何组织力量、调配资源、协调各方进行应对。企业还应定期进行应急演练，检验预案和机制的有效性和可行性，确保在真正面临安全事件时能够迅速、有效地进行应对。

3. 风险监控与报告

（1）风险实时监控。企业应建立高效的风险监控机制，利用先进的监控技术和工具，对配电网数字化运行过程中的各种安全风险进行实时监控。通过实时监控，企业能够及时发现潜在的安全隐患，为后续的应急响应提供有力支持。

（2）风险预警。在实时监控的基础上，企业还应设置风险预警系统。当监测到某个安全风险达到或超过预设的阈值时，系统会自动触发预警机制，向相关人员发送预警信息。这有助于企业及时采取措施，防止风险进一步扩大。

（3）定期报告。除了实时监控和预警外，企业还应定期向管理层报告安全状况和风险情况。报告内容应包括但不限于风险类型、发生频率、影响程度、已采取的措施及效果等。通过定期报告，管理层能够全面了解电网的安全状况，为制定更加科学、合理的安全策略提供有力支持。

（4）决策支持。风险监控与报告不仅是为了发现和控制风险，更是为了为管理层提供决策支持。通过对风险数据的分析和挖掘，企业能够发现电网运行过程中存在的问题和不足之处，为优化运营管理和提高服务质量提供有益的建议。

第二节　网络安全防护与数据加密技术

一、网络安全防护策略

1. 防火墙与入侵检测系统

防火墙通过设定严格的安全规则，控制进出网络的数据流，有效地阻止恶意流量进入内部网络。防火墙能够根据 IP 地址、端口号、协议类型等信息进行过滤，确保只有符合规则的流量才能通过。防火墙还具备日志记录功能，可以记录所有进出网络的数据流信息，为后续的安全审计和溯源分析提供重要依据。防火墙并不是万能的。它只能根据预设的规则进行过滤，对于未知的威胁或复杂的攻击手段可能无法有效应对。因此，需要引入入侵检测系统（IDS）作为防火墙的补充。IDS 能够实时监测网络中的异常行为，包括未经授权的访问、恶意代码的传播、数据的篡改等。当 IDS 发现潜在威胁时，会立即触发报警机制，通知管理员进行处理。IDS 还可以与防火墙进行联动，根据检测结果动态调整防火墙的规则，实现更加精准的防护。在实际应用中，防火墙和 IDS 的部署需要根据配电网的实际情况进行定制。管理员需要根据网络结构、业务特点、安全需求等因素综合考虑，选择合适的设备型号、配置参数和部署位置。管理员还需要定期对防火墙和 IDS 进行维护和更新，确保其始终处于最佳状态。

2. 安全域划分与访问控制

安全域划分是网络安全防护策略中的一项基础性工作。随着配电网的数字化程度不断提高，网络结构和设备日益复杂，单一的安全防护措施很难应对多样化的安全威胁。因此，将网络划分为不同的安全区域，即安全域，成了一种有效的解决方案。安全域划分主要是根据网络的功能、业务类型、安全风险等因素，将网络划分为若干个相互独立但又相互关联的区域。每个安全域都有其特定的安全目标和防护要求，通过设定不同的安全策略，实现对网络资源的精细化管理。这种划分方式可以降低安全风险，提高网络的整体安全性。在安全域划分的基础上，实施严格的访问控制策略是确保网络安全的关键。访问控制策略主要是通过身份验证和授权管理来限制用户对网络资源的访问权限。只有经过身份验证并被授权的用户，才能访问其权限范围内的网络资源。这种策略可以有效防止未经授权的访问和恶意攻击，保护敏感数据和应用的安全。

3. 安全事件监测与响应

（1）事件确认与初步分析。对监测到的安全事件进行初步确认和分析，判断其是否属于真正的安全威胁，并评估其可能对网络和系统造成的损害。

（2）启动应急预案。一旦确认事件为安全威胁，需要立即启动相应的应急预案。这些预案通常包括一系列的处置措施和流程，旨在快速控制事态、减少损失。

（3）事件调查与详细分析。对事件进行深入的调查和分析包括确定攻击的来源、手段、目的等，以及评估事件对网络和系统的影响范围和程度。

（4）处置措施的实施。根据事件调查和分析的结果，采取相应的处置措施。这可能包括隔离受影响的系统、恢复数据、修复漏洞、加强安全防护等。

（5）事后总结与改进。在事件得到妥善处理后，还需要对整个应急响应过程进行总结和评估。这包括分析应急响应的效果、存在的问题和不足，并提出改进措施和建议。这些改进措施可以进一步完善应急响应机制，提高应对类似安全事件的能力和水平。

二、数据加密技术

1. 对称加密与非对称加密

（1）对称加密。对称加密就是加密和解密过程中使用同一个密钥。这种加密方式的主要特点是加密速度快、效率高，并且由于算法本身的复杂性，使得破解难度极大，从而保证了数据的安全性。常见的对称加密算法有高级加密标准（AES）、数据加密标准（DES）等。对称加密也存在一个显著的缺点，那就是密钥的分发和管理问题。由于加密和解密都使用同一个密钥，如何安全地将密钥分发给需要通信的双方，同时确保密钥在传输过程中不被窃取或篡改，成了一个亟待解决的问题。

（2）非对称加密。非对称加密使用一对密钥（公钥和私钥）进行加密和解密操作。公钥是公开的，任何人都可以获取并使用它进行加密；而私钥则是私有的，只有密钥的持有者才能使用它进行解密。非对称加密的优点在于密钥的分发和管理非常方便。由于公钥是公开的，任何人都可以使用它进行加密，因此无需担心密钥的分发问题。由于私钥的私有性，只有密钥的持有者才能解密数据，从而保证了数据的安全性。非对称加密的加密速度相对较慢，因此在处理大量数据时可能会受到一定的限制。

2. 公钥基础设施（PKI）

公钥基础设施（PKI）是一个遵循国际标准的密钥和证书管理平台，它基于非对称加密技术（如 RSA、ECC 等），通过公钥和私钥的配对使用，实现了数据的加密、解密、签名和验证等功能。

在 PKI 体系中，每个数字证书都包含了证书持有者的身份信息、公钥信息以及证书颁发机构的签名等关键信息。当通信双方进行数据传输时，首先会通过交换数字证书来验证对方的身份和公钥的有效性。一旦验证通过，双方就可以使用对方的公钥进行数据的加密和解密操作，从而确保数据在传输过程中的机密性和完整性。PKI 还提供了数字签名功能，使得数据的发送者可以对其发送的数据进行签名，以证明数据的来源和完整性。接收者可以使用发送者的公钥对签名进行验证，从而确保数据在传输过程中没有被篡改或伪造。由于 PKI 具有高度的安全性和可靠性，它已经被广泛应用于电子商务、电子政务、金融、医疗等各个领域。在配电网数字化安全领域，PKI 也被用于保护电网数据的安全传输和存储，防止黑客攻击、数据泄露等安全问题的发生。PKI 还可以与应急响应系统相结合，为应对电网突发事件提供快速、有效的技术支持。

3. 数据传输与存储加密

（1）数据传输加密。数据传输加密是指在网络传输过程中对传输的数据进行加密处理，使得只有授权的接收者才能解密并读取原始数据。这种加密方式可以有效地防止数据在传输过程中被窃取或篡改，保证了数据的安全性和完整性。在配电网中，常见的数据传输加密技术有 SSL/TLS（安全套接字层/传输层安全）和 VPN（虚拟私人网络）。SSL/TLS 是一种用于安全传输数据的协议，广泛应用于互联网中的各种安全通信场景。而 VPN 则是一种可以在公共网络上建立加密通道的技术，使得远程用户可以通过安全的连接访问配电网内部资源。

（2）数据存储加密。除了数据传输过程中的安全保护外，存储在服务器上的数据也需要得到充分的保护。在配电网中，大量的敏感数据需要被存储和管理，如用户用电记录、设备故障日志等。如果这些数据被非法访问或泄露，将会对配电网的安全和用户隐私造成严重威胁。因此，数据存储加密技术的引入同样至关重要。

第三节　物理安全与设备防护技术

一、物理安全措施

（一）环境监控与报警系统

1.视频监控系统

通过安装高清摄像头和视频服务器等设备，实现对配电网设施关键区域的视频实时监控。监控系统支持远程查看和回放功能，方便管理人员随时掌握现场情况。

2.入侵检测系统

该系统采用先进的传感器技术和图像处理算法，能够实时监测并识别出未经授权的入侵行为。一旦检测到异常入侵，系统会立即触发报警机制，并将报警信息发送至指定的管理人员。

3.温湿度传感器

通过在配电网设施内部和周围环境中安装温湿度传感器，系统可以实时监测设施内部的温湿度变化。当温湿度超出正常范围时，系统会发出报警提示，以便管理人员及时采取措施，防止设备受损或影响正常运行。

（二）访问控制与安全巡查

1.访问控制

（1）门禁系统。在关键区域如设备室、控制室等设置先进的门禁系统，如指纹识别、面部识别或刷卡系统。这些系统能够准确识别并记录每一位进入人员的身份和进出时间，确保只有持有有效权限的人员才能进入。

（2）权限管理。为每个员工或访客分配唯一的访问权限，并根据其工作需求或访问目的进行设定。例如，维修人员可能只需要在特定时间段内访问设备室，而管理人员则可能需要更广泛的访问权限。

（3）警报系统。如果未经授权的人员试图进入关键区域，门禁系统会立即触发警报，通知安全人员进行处理。这种即时反应能够迅速阻止潜在的安全威胁。

2. 安全巡查

（1）巡查频率。根据电网的规模和重要性，制定合理的巡查频率。例如，对于关键区域和核心设备，可能需要每天进行多次巡查；而对于一些非关键区域，则可以每周或每月进行一次巡查。

（2）巡查内容。巡查人员需要仔细检查潜在的安全隐患，如门禁系统的运行情况、消防设施的有效性、电缆和设备的完好性等。他们还需要确保各项安全措施得到有效执行，如安全警示标志的完整性和准确性等。

（3）巡查记录。每次巡查后，巡查人员需要详细记录巡查情况，包括发现的问题、采取的措施以及建议等。这些记录可以作为后续改进和优化的重要依据。

（4）问题处理。如果巡查人员发现任何潜在的安全问题或隐患，他们需要立即报告给相关部门或领导，并采取相应的措施进行处理。这些措施可能包括修复损坏的设备、更换过期的消防设施或加强门禁系统的管理等。

（三）灾害预防与应急设施

1. 灾害预防设施

（1）灭火系统。在关键设备和重要区域安装自动灭火系统，如气体灭火系统、干粉灭火器等，以便在火灾发生时能够迅速灭火，防止火势蔓延。

（2）防水设施。对于可能受到洪水威胁的场地，应设置防水堤坝、排水沟等设施，确保设备不被水淹。还应定期检查排水系统，确保其畅通无阻。

（3）防雷设施。安装避雷针、接地网等防雷设施，以减少雷电对电网设施的损害。

（4）防风设施。在风力较大的地区，应设置防风屏障、加固设备等，防止设备被风刮倒或损坏。

2. 应急预案制定

（1）应急响应流程。明确在发生紧急情况时，各级人员应如何迅速响应、协调配合，确保问题得到及时解决。

（2）应急资源调配。根据灾害类型和程度，合理调配人力、物力等资源，确保救援工作的高效进行。

（3）应急演练。定期组织应急演练，提高员工的应急反应能力和协作水平，确保在真正发生紧急情况时能够迅速应对。

3.灾害监测与预警

为了及时发现并应对灾害，还应建立灾害监测与预警系统。通过安装传感器、摄像头等设备，实时监测环境参数和设备状态，一旦发现异常情况，立即发出预警信息，提醒相关人员采取措施进行防范和应对。

二、设备防护技术

（一）设备认证与授权管理

1.设备认证

设备认证是确保设备合法性和真实性的基础。通过采用硬件令牌（如智能卡、USB Key 等）、生物识别技术（如指纹识别、虹膜识别等）或软件授权等方式，对接入网络的设备进行身份验证。这些认证方式可以根据具体应用场景和需求进行选择，以确保认证过程的安全性和便捷性。

2.授权管理

在设备通过认证后，还需要对其进行授权管理，以控制其对网络资源的访问权限。授权管理通常包括角色管理、权限分配和访问控制等功能。通过为设备分配不同的角色和权限，可以限制其对敏感数据的访问和操作，从而防止数据泄露和误操作。

（二）设备故障预测与健康管理

设备故障预测技术通过收集和分析设备的运行数据、历史故障记录以及环境参数等信息，运用先进的算法和模型对设备的健康状况进行评估和预测。这些算法和模型可以基于机器学习、深度学习、神经网络等人工智能技术，对设备的潜在问题进行精准识别。一旦预测到设备可能出现故障，系统将自动触发预警机制，通知相关人员进行处理。健康管理工具在设备故障预测的基础上，对设备的维护计划进行优化。通过实时监控设备的运行状态和性能数据，健康管理工具能够准确判断设备的维护需求和优先级。这有助于实现设备的预防性维护，降低设备故障率，提高系统的稳定性和可用性。

（三）设备物理防护与加固

在设备防护技术中，设备物理防护与加固是至关重要的一环。这一环节主要通过采取一系列物理手段，确保配电网设备在面临各种潜在威胁时能够保持正常运行，防止设备被盗或遭受恶意破坏。具体来说，设备物理防护与加固通过在设备的关键部位安装防盗锁，可以有效防止不法分子通过直接破坏或盗窃设备来破坏配电网的正常运行。这种措施简单易行，成本相对较低，且效果显著。采用高强度材料和合理的结构设计，加固机柜可以大幅提高设备的抗破坏能力。即使在面临极端恶劣的外部环境下，加固机柜也能够保护设备免受损坏，确保配电网的稳定运行。在数字化配电网中，电磁干扰和电磁泄漏可能会对设备的正常运行造成严重影响。因此，采用电磁屏蔽技术可以有效防止电磁干扰和电磁泄漏的发生，保护设备免受电磁攻击和干扰。

第四节　应急响应机制与预案制定

一、应急响应机制

1.应急响应组织结构

（1）决策层。决策层是应急响应机制中的指挥中心。它负责制定总体应急策略和指挥协调工作。在发生突发事件时，决策层需要迅速分析事件的性质、影响范围和潜在风险，并据此制定针对性的应急响应策略。决策层通常包括高级管理人员、专家顾问以及应急响应团队的核心成员。他们需要通过高效的沟通和协作，确保应急响应策略的科学性、合理性和有效性。决策层还需要根据事件的进展情况，及时调整和优化应急响应策略。在决策过程中，决策层需要充分利用数字化技术和信息系统，提高决策效率和准确性。决策层还需要与政府部门、其他企业和社会组织保持密切沟通，共同应对突发事件。

（2）执行层。执行层是应急响应机制中的实施者和行动者。他们负责具体执行应急响应计划，包括现场处置、资源调配等。在发生突发事件时，执行层需要迅速响应、迅速行动，确保应急响应措施得到有效执行。执行层通常包括现场应急人员、技术支持团队、物资保障团队等。他们需要具备专业的技能和丰富的经验，能够熟练应对各种突发事件。在执行过程中，执行层需要严格按照应急响应计划和决策层的指示行事，确保应急响应措施的科学性和有效性。执行层还需要及时反馈现场情况和进展，为决策层提供决策依据。在应急响应过程中，执行层还需要与其他部门和组织保持密切沟通，确保应急响应工作的顺利进行。

（3）支持层。支持层是应急响应机制中的后援和保障力量。他们提供技术、信息、后勤等支持服务，确保应急响应工作的顺利进行。在发生突发事件时，支持层需要迅速响应、提供必要的支持和保障。支持层通常包括技术支持团队、信息保障团队、物资保障团队等。他们需要具备专业的技能和丰富的经验，能够为应急响应工作提供全方位的支持和保障。在支持过程中，支持层需要密切关注现场情况和进展，为执行层和决策层提供必要的信息和技术支持。支持层还需要与其他部门和组织保持密切沟通和协作，确保应急响应工作的顺利进行。在应急响应过程中，支持层还需要及时总结经验教训，完善应急响应机制和预案制定工作。

2. 应急响应流程与职责

（1）信息报告。信息报告是应急响应的首要步骤。配电网系统应建立高效的信息收集和报告机制，确保在突发事件发生后，相关信息能够迅速、准确地传达给应急响应团队。这包括事故发生的具体位置、影响范围、现场状况等关键信息。还需要确保信息报告的渠道畅通，避免信息传递过程中的延误和误报。

（2）初步评估。在收到信息报告后，应急响应团队需要立即对突发事件进行初步评估。评估内容包括事故的性质、严重程度、可能的影响范围以及发展趋势等。通过初步评估，可以判断是否需要启动应急预案，以及需要启动哪个级别的应急预案。

（3）启动预案。根据初步评估的结果，应急响应团队需要迅速启动相应的应急预案。预案中应明确各级人员的职责和任务，以及应急处置的具体措施和步骤。启动预案后，需要立即通知相关部门和人员，确保他们能够迅速到位并展开工作。

（4）现场处置。现场处置是应急响应的核心环节。在启动预案后，应急响应团队需要立即组织现场救援、疏散、隔离等措施。这包括调集专业救援队伍和设备，对受伤人员进行救治和转运；对受影响的区域进行疏散和隔离，避免事故扩大；同时还需要对事故现场进行勘查和取证，为后续的事故调查和责任追究提供依据。

（5）资源调配。在应急响应过程中，资源调配是确保应急响应顺利进行的关键。应急响应团队需要协调内外部资源，包括人力、物力、财力等各方面的支持。这包括向上级部门请求增援、协调周边地区的资源支援、调集专业设备和物资等。通过有效的资源调配，可以确保应急响应工作的顺利进行。

（6）后期处置。在应急响应结束后，还需要进行后期处置工作。这包括对事故现场进行清理和恢复，对受损设备进行检修和更换；同时还需要对事故进行总结和分析，查找事故原因和漏洞，提出改进措施和建议。通过后期处置工作，可以总结经验教训，提高配电网数字化安全水平和应急响应能力。

　　3. 应急响应资源管理

　　（1）资源储备。在应急响应中，资源的及时供给至关重要。因此，资源储备是应急响应管理的首要环节。根据配电网可能面临的各类风险，如自然灾害、设备故障等，预先储备足够的应急物资，如抢修工具、备品备件、照明设备、通信器材等。这些物资应存放在便于取用的地点，并定期检查和更新。除了物资外，还应储备必要的应急设备，如移动发电车、移动变电站、抢修车辆等。这些设备在关键时刻能够迅速投入使用，为恢复供电提供有力支持。除了物质资源外，技术储备也是不可或缺的一环。通过定期组织技术培训和演练，提高应急响应人员的技能水平，确保在紧急情况下能够迅速应对。

　　（2）资源调配。在紧急情况下，如何快速、高效地将资源调配到需要的地方是应急响应管理的核心问题。通过制定明确的响应流程和应急预案，确保在紧急情况下能够迅速启动应急响应机制。建立与上级单位、相关部门的沟通渠道，确保信息畅通、指挥有序。根据紧急情况的严重程度和影响范围，合理调配资源。对于重大紧急情况，可以启动跨区域、跨部门的联合应急响应机制，共同应对挑战。通过技术手段对资源调配过程进行实时监控和评估，确保资源得到充分利用。根据评估结果及时调整资源调配策略，提高应急响应效率。

　　（3）资源共享。在应急响应过程中，加强与其他单位、部门的沟通和合作是实现资源共享和互补的重要途径。通过建立信息共享平台，实现与各单位、部门之间的信息共享和交流。这有助于及时了解紧急情况的发展态势和各方资源情况，为资源调配提供有力支持。在应急响应过程中，加强与其他单位、部门的合作与协调。通过共同制定应急预案、联合开展应急演练等方式提高应急响应的协同性和有效性。根据不同单位、部门的资源特点和优势实现资源互补。例如可以借用其他单位的抢修车辆、设备或技术人员等共同应对紧急情况提高应急响应的整体能力。在配电网数字化安全与应急响应机制中应急响应资源管理是一个至关重要的环节。通过加强资源储备、优化资源调配和加强资源共享等措施可以确保在紧急情况下能够迅速、有效地调配资源为恢复供电提供有力保障。

二、应急预案制定

1．预案编制原则

（1）科学性原则。科学性是预案编制的基础。在编制预案时，必须深入分析和研究配电网的运行特点、潜在风险以及历史事故案例，基于这些实际情况和专业知识，制定出科学合理的预案。预案的制定还应遵循国家法律法规和行业标准，确保预案的合法性和规范性。

（2）可操作性原则。预案的制定不仅是理论上的构想，更重要的是在实际操作中能够得到有效执行。因此，在编制预案时，要充分考虑实际操作中的各种因素，如人员、设备、物资等，确保预案的可行性和可操作性。预案中的措施和步骤要尽可能详细、具体，便于执行人员理解和掌握。

（3）全面性原则。配电网的运行环境复杂多变，可能发生的突发事件和场景多种多样。因此，在编制预案时，要全面考虑各种可能发生的紧急情况，包括自然灾害、设备故障、人为破坏等，以及这些紧急情况可能引发的连锁反应和次生灾害。只有全面考虑各种可能性，才能制定出覆盖全面、无遗漏的预案。

（4）灵活性原则。配电网的运行状况是不断变化的，可能发生的突发事件也具有不确定性和不可预测性。因此，在编制预案时，要充分考虑这种变化性和不确定性，制定出具有一定灵活性的预案。预案要能够根据实际情况及时调整和更新，以适应新的情况和变化。预案中的措施和步骤也要具有一定的灵活性，能够根据实际情况灵活运用和组合。

2．预案编制流程

（1）收集资料。收集与配电网数字化安全相关的国内外法规、政策和标准，确保预案的合法性和规范性。查阅历史案例，了解过去类似事件的处理方式和经验教训，为预案的制定提供借鉴。搜集配电网的实时数据、网络结构、设备信息等，为风险分析提供基础数据。

（2）分析风险。结合配电网的实际情况，识别可能发生的突发事件，如自然灾害、设备故障、人为破坏等。对各种潜在风险进行定性和定量分析，评估其发生的可能性和影响程度。分析各种风险之间的关联性，找出可能引发连锁反应的关键因素。

（3）制定预案。根据风险分析的结果，制定具体的应急预案，明确各种突发事件下的应对措施和操作流程。预案应包含组织体系、应急资源、指挥调度、通信联络、信息发布等方面的内容。制定不同级别的应急响应策略，确保在事件发生时能够迅速、有效地启动相应级别的响应。

（4）预案评审。组织专家团队对预案进行评审，检查其完整性、合理性和可行性。根据评审意见对预案进行修改和完善，确保预案的质量。

（5）审核批准。将修改完善后的预案提交给相关部门进行审核和批准。审核部门应对预案的合规性、实用性和可操作性进行评估，确保预案符合相关要求和标准。预案获得批准后，应正式发布并通知相关单位和人员。

（6）培训与演练。组织相关人员进行应急培训和演练，提高其对预案的熟悉程度和应急响应能力。演练结束后，对演练过程进行评估和总结，发现预案中存在的问题和不足，及时进行改进。

（7）定期更新与维护。随着配电网数字化技术的不断发展和环境的变化，预案需要定期进行更新和维护。定期对预案进行审查和评估，发现其中存在的过时或不符合实际情况的内容，及时进行修改和完善。确保预案始终与配电网数字化安全的最新要求和标准保持一致。

第五节　应急演练与实战模拟

一、应急演练的重要性

应急演练作为提升应急响应能力的重要手段，其重要性有：

（1）应急演练可以显著提高组织的应急响应能力。通过模拟真实场景，让参与者在紧张有序的环境中进行实践操作，使其能够熟练掌握应急处置流程和方法，提高应对突发事件的能力和水平。

（2）应急演练可以验证预案的有效性。预案是应对突发事件的基础和保障，但在实际运用中可能会遇到各种问题。通过应急演练，可以检验预案的可行性和实用性，发现其中存在的问题和不足，为预案的修订和完善提供有力支持。

（3）应急演练可以发现问题并持续改进。在演练过程中，可能会暴露出组织在应急处置方面存在的问题和短板，如信息传递不畅、资源调配不合理等。这些问题和不足是提升应急响应能力的重要突破口，通过及时整改和完善，可以不断提高组织的应急管理水平。

二、应急演练的类型与方法

1. 桌面演练

桌面演练通过口头描述或模拟操作进行，是一种低强度的应急演练方式。这种演练形式不需要投入大量的实际资源，成本相对较低，便于组织实施。在桌面演练中，参与者会围绕一个特定的突发事件情境，进行角色扮演和深入讨论。他们模拟真实的应急响应过程，从发现问题、启动预案到协调资源、处置事件，每一个步骤都进行详细的讨论和模拟。通过这种方式，可以初步检验应急预案的可行性和有效性，找出可能存在的问题和不足，为后续的改进提供依据。

2. 功能演练

在功能演练中，通常会设置特定的应急场景，并要求参与者按照预案中的规定进行响应。这种演练方式可以针对应急响应组织中的某个部门或某个环节进行专项训练，以提高其应对突发事件的能力。功能演练通常包括单项演练和组合演练两种形式。单项演练是针对某个单一的应急功能或响应行动进行的训练，例如通信联络、物资调配等。而组合演练则是将多个单项演练结合起来，形成一个完整的应急响应过程。通过组合演练，可以全面检验应急响应组织的整体能力和协调性。

3. 全面演练

全面演练是一种高强度的应急演练方式，旨在全面检验组织的应急响应能力和水平。与桌面演练和功能演练相比，全面演练更加接近真实的突发事件场景。在全面演练中，会模拟真实的突发事件场景，让参与者进行实际操作和应急处置。这种演练方式可以真实反映组织的应急响应能力和水平，为应对突发事件提供有力的保障。全面演练通常需要投入大量的人力、物力和财力。为了确保演练的顺利进行，需要提前进行周密的计划和准备。在演练过程中，需要密切关注参与者的表现，及时发现问题和不足，并进行记录和总结。演练结束后，还需要对演练过程进行详细的评估和总结，找出存在的问题和不足，并提出改进措施和建议。

三、实战模拟与应急响应能力提升

在配电网数字化安全体系中，实战模拟与应急响应能力的提升是确保系统稳定运行、减少潜在风险、及时应对突发事件的关键环节。实战模拟不仅是一种模拟演练的方式，更是一种贴近实战、注重实效的训练方法。

实战模拟通过构建高度逼真的模拟环境，让应急响应团队在接近真实的场景中进行应急处置和操作。这种模拟方式能够更准确地反映突发事件的特点和规律，帮助参与者更深入地理解事件的本质和处置要点。通过实战模拟，参与者能够在不危及真实系统安全的前提下，进行反复演练和尝试，从而积累宝贵的经验。

在实战模拟中，应急响应团队的协同训练至关重要。团队成员之间需要密切配合、协同作战，确保在应急处置过程中能够形成合力，共同完成处置任务。协同训练不仅可以提高团队成员之间的默契度和协作能力，还可以增强团队的凝聚力和战斗力，使团队在面对突发事件时能够迅速作出反应、高效处置。

协同训练的方式可以多种多样，例如可以设置不同的应急场景和任务，让团队成员分别扮演不同的角色，通过角色扮演来模拟应急处置过程。还可以利用现代技术手段，如虚拟现实、增强现实等，构建更加逼真的模拟环境，提高训练效果。

实战模拟结束后，对应急响应团队的表现进行评估和总结是必不可少的环节。通过评估，可以发现存在的问题和不足，为后续的改进和提升提供依据。评估的内容可以包括团队成员的协作能力、应急处置流程的合理性、应急资源的配置等方面。

第六节　安全事故的调查与处理

一、安全事故调查流程

（一）事故报告与记录

1. 即时响应与初步报告

配电网安全事故一旦发生，现场操作人员或监控中心的值班人员需立即启动应急响应机制，确保在最短时间内向上级电力管理部门或安全监管机构发出初步事故报告。报告内容应力求详尽，包括但不限于：事故发生的确切时间（精确到分钟甚至秒）、地点（具体到线路编号、杆塔位置或设备名称）、事故现象描述（如火花、冒烟、设备爆炸声等）、初步判断的事故类型（短路、过载、断线、雷击等）、受影响用户的大致范围以及初步估计的故障可能原因。这一步骤的关键在于快速性，以便相关部门能够迅速了解事故概况，为后续处理赢得时间。

2. 详细记录与数据保存

同时，应立即启动事故记录程序，利用电网监控系统、SCADA 系统等技术手段，详细记录事故前后的电网状态信息，包括但不限于电压、电流、功率等电气参数的实时变化、自动保护装置的动作记录、故障录波器的波形数据等。这些数据对于后续的事故分析至关重要，是还原事故过程、定位故障点、分析事故原因的基础。此外，还应注意保护现场数据的安全性和完整性，防止数据丢失或被篡改。

（二）事故现场勘查与取证

1. 勘查小组组建与装备准备

事故报告后，应迅速组建由电力工程师、安全专家、运维人员及必要时邀请的外部专家组成的勘查小组，并准备好勘查所需的各类装备，如无人机、红外热像仪、测距仪、高清相机、录音笔等。这些装备能够帮助勘查小组从不同角度、不同距离对事故现场进行全面细致的勘查，提高勘查效率和准确性。

2. 现场勘查与取证

勘查小组到达现场后，应首先进行安全评估，确保勘查过程中的人员安全。随后，按照既定的勘查方案，对事故线路、设备进行全面勘查。重点检查设备损坏情况（如烧损、变形、断裂等）、线路连接状态（是否松动、脱落、短路等）、周围环境变化（树木倒伏、动物活动痕迹、地质变化等）。同时，利用无人机进行空中勘查，获取事故现场的俯瞰图，便于了解事故的整体情况；利用红外热像仪检测设备的温度变化，判断是否存在过热或异常温升现象。勘查过程中，应拍摄大量照片、录制视频，并详细记录勘查过程中的发现，特别是设备异常、环境隐患等关键信息。此外，还需对涉及事故操作的相关人员进行详细询问，了解其操作过程、异常感知及应对措施，以获取更多主观信息。

（三）事故原因分析

1. 多维度分析框架构建

在配电网安全事故的原因分析中，应构建一个多维度的分析框架，从设备、环境、管理、技术等多个角度入手，全面剖析事故发生的根源。

（1）设备因素。深入分析设备的老化程度、设计缺陷、制造质量、维护记录等。通过检查设备的运行历史、维护记录、试验报告等资料，评估设备是否存在潜在的故障隐患。同时，对事故中受损的设备进行拆解分析，查找设备故障的直接原因和间接原因。

（2）环境因素。考察事故发生时的天气条件（如雷击、大风、暴雨、高温等）、地理环境（如山体滑坡、泥石流、树木靠近线路等）、电磁环境（如无线电干扰、电磁辐射等）等外部因素对配电网运行的影响。通过收集气象数据、地质勘查报告、电磁环境监测数据等资料，分析环境因素与事故发生的关联性。

（3）管理因素。评估安全管理制度的执行情况、操作规程的完善程度、运维人员的培训水平及应急响应能力等管理层面的因素。通过查阅安全管理文件、操作规程、培训记录、应急演练报告等资料，了解管理层面是否存在漏洞或不足。同时，对事故处理过程中的管理决策进行回顾分析，评估其合理性和有效性。

（4）技术因素。分析自动化保护装置的配置与动作情况、监控系统的运行状态及数据分析能力等技术层面的因素。通过检查保护装置的定值设置、动作记录、告警信息等资料，评估保护装置在事故中的表现和作用。同时，对监控系统的数据采集、处理、分析等环节进行审查，评估其技术保障措施的有效性和可靠性。

2. 综合分析与根本原因确定

在构建好分析框架后，应采用故障树分析（FTA）、因果图分析、事件树分析（ETA）等科学方法，结合配电网的特定情况和勘查取证的结果，对事故原因进行综合分析。通过逐层深入剖析各因素之间的相互作用和潜在风险点，逐步缩小事故原因的范围，最终确定导致事故发生的根本原因。

在综合分析过程中，需要确保所有分析结论都有充分的证据支持，形成完整的证据链。这包括现场勘查的照片、视频、记录，设备检测报告，人员询问笔录，以及各类技术数据和监控记录等。在构建事故原因模型时，应遵循严密的逻辑推理原则，避免主观臆断和片面分析。每一步推理都应有明确的依据和合理的解释，确保分析结果的客观性和准确性。认识到配电网安全事故往往不是单一因素导致的，而是多个因素相互作用的结果。因此，在分析过程中应充分考虑各因素之间的相互影响和制约关系，找出其中的主导因素和次要因素。在确定事故原因后，应及时总结经验教训，分析事故发生的规律和特点，提出针对性的改进措施。这有助于完善安全管理制度，提高运维人员的技能水平，增强配电网的安全性和可靠性。

二、安全事故处理流程

1. 紧急抢修与恢复供电

安全事故发生后，首要任务是立即启动应急预案，成立由专业技术人员组成的应急抢修小组，迅速赶赴现场。到达现场后，首先进行安全隔离，确保抢修人员的人身安全，同时利用专业设备对事故现场进行初步勘查，评估损坏程度，确定受损设备范围及影响范围。

基于初步评估结果，抢修小组需迅速制定抢修方案，明确抢修步骤、所需资源及预计恢复时间。方案制定过程中，应充分考虑安全因素，确保抢修过程不会对周围环境及人员造成二次伤害。同时，优先保障医院、学校、政府机构等重要用户和关键区域的供电，减少社会影响。抢修过程中，应实行严格的现场管理和质量控制，确保抢修质量符合标准。

在抢修期间，加强与用户的沟通联系至关重要。通过建立多渠道信息发布机制，如电话通知、短信推送、社交媒体公告等，及时向用户发布停电信息、抢修进展及预计恢复时间，增强透明度，缓解用户焦虑情绪。同时，设立专门的客服热线，解答用户疑问，收集用户反馈，提升用户满意度。

2. 后续整改与防范措施

事故处理完毕后，组织跨部门、跨专业的专家团队对事故进行全面复盘，通过数据分析、现场勘查、人员访谈等多种方式，深入挖掘事故发生的根本原因。不仅要关注直接原因，如设备故障、操作失误等，更要剖析背后的管理漏洞、制度缺陷等深层次原因。

针对事故原因，制定具体、可行的整改措施，明确责任部门、责任人和完成时限。整改措施应涵盖技术改进、管理优化、制度完善等多个方面，确保问题得到根本解决。同时，建立整改跟踪机制，定期对整改进展进行监督检查，确保各项措施得到有效执行。

在整改的基础上，进一步构建和完善防范措施体系，从制度、管理、技术等多个层面入手，提升配电网的整体安全水平。例如，完善安全管理制度，加强安全教育培训；引入先进的安全监控技术，提高事故预警和应急处置能力；优化电网结构，提高供电可靠性和稳定性等。

3. 安全教育与培训

将安全文化融入企业管理的各个环节，通过宣传教育、案例警示等方式，营造"人人讲安全、事事为安全、时时想安全、处处要安全"的良好氛围。鼓励员工积极参与安全管理工作，提出安全改进建议，形成全员参与、共同维护安全的良好局面。

结合企业实际和员工需求，采用多样化的培训形式，如安全知识讲座、案例分析会、应急演练、在线学习等，提高培训的针对性和实效性。特别是对于新入职员工和关键岗位人员，要实行严格的岗前培训和定期复训制度，确保他们熟练掌握安全操作规程和应急处理流程。

定期组织应急演练活动，模拟真实场景下的安全事故处置过程，检验应急预案的可行性和有效性。演练结束后，及时进行总结评估，总结经验教训，完善应急预案和处置流程。同时，将演练成果纳入员工绩效考核体系，激励员工积极参与安全管理和应急处置工作。

4. 监督与评估

建立健全的监督机制，明确监督主体、监督内容和监督方式。通过内部审计、专项检查、日常巡查等多种方式，对整改措施和防范措施的执行情况进行全面监督，确保各项措施得到有效落实。

定期对防范措施的实施效果进行评估，通过数据分析、用户反馈、专家评审等方式，评估措施的有效性和针对性。根据评估结果及时调整和完善措施内容，确保防范措施的持续改进和有效运行。

将安全事故处理流程视为一个闭环管理系统，从紧急抢修到后续整改、从安全教育到监督评估，各个环节相互衔接、相互促进。通过闭环管理，实现安全事故处理流程的持续优化和提升，为企业的安全稳定运营提供有力保障。

综上所述，配电网安全事故的调查与处理是一项复杂而系统的工程，需要各方共同努力和密切配合。通过科学严谨的调查流程、及时有效的处理措施以及持续不断的改进和完善，我们可以不断提高配电网的安全性和可靠性，为社会经济的稳定发展和居民生活的安居乐业提供有力保障。

三、安全事故处理措施

1. 事故影响评估与恢复计划

在配电网安全事故的应对中，事故影响评估与恢复计划的制定直接决定了后续工作的方向与效率。这一过程不仅是对物理损害的简单记录，更是对系统稳定性、用户满意度及潜在风险的一次全面审视。

事故影响评估应覆盖多个维度，通过数据分析，明确哪些用户群体受到了直接影响，包括停电范围、持续时间及影响程度。同时，评估这些影响对用户日常生活、生产活动的具体影响，如经济损失、生活不便等。分析事故对电网结构、负荷分布、电压稳定性等方面的影响。利用仿真工具模拟事故后的电网运行状态，评估系统是否处于稳定边缘或存在崩溃风险。详细记录受损设备的类型、数量、损坏程度及修复难度。对于关键设备，还需评估其替换或修复对系统恢复的影响。考虑事故可能引发的社会关注、媒体报道及环保问题，如停电对医院、学校等关键设施的影响，以及事故处理过程中可能产生的环境污染等。

恢复计划的制定需遵循"快速响应、有序恢复、确保安全"的原则，具体除了基本的恢复正常供电外，还应设定具体的量化指标，如恢复时间、恢复比例、用户满意度等。同时，考虑系统长期稳定运行的需求，制定预防性维护计划。将恢复过程划分为紧急响应、初步恢复、全面恢复和后续优化四个阶段。每个阶段设定明确的任务、时间节点和责任人，确保恢复工作有序进行。根据事故影响评估结果，合理配置人力、物力、财力等资源。建立跨部门协作机制，确保资源在紧急情况下能够迅速调动到位。同时，加强与政府、社区、用户等利益相关方的沟通，争取更广泛的支持与协助。识别恢复过程中可能遇到的风险和障碍，制定相应的应急预案。建立风险监测与预警机制，及时发现并应对潜在问题。

2. 紧急处置与资源调配

紧急处置与资源调配是事故处理中的关键环节，直接关系到事故损失的控制和恢复工作的效率。

应立即启动紧急处置程序，迅速切断事故源，防止事态扩大。通过远程操作或现场人员操作，迅速切断事故设备的电源，防止其继续运行并可能引发更大的危险。设置警戒线、警示标志等，将事故区域与周边区域隔离开来，防止非相关人员进入。同时，关闭事故区域的通风、照明等系统，减少潜在风险。迅速组织人员疏散至安全地带，确保人员安全。对于受伤人员，及时联系医疗救援力量进行救治。同时，做好现场秩序维护和安全保卫工作。

资源调配是紧急处置的重要保障。在调配过程中，应根据事故类型和严重程度，迅速确定所需资源类型、数量和调配方案。建立快速响应机制，确保资源在第一时间内到位。根据事故现场实际情况和恢复工作需要，精准匹配所需资源。确保资源的种类、规格、性能等满足要求，避免资源浪费和无效投入。在资源调配过程中，密切关注事故发展态势和恢复工作进展情况。根据实际情况动态调整资源调配方案，确保资源的充分利用和高效运作。

3. 事故责任追究与改进措施

事故责任追究与改进措施是事故处理的重要环节，对于提高系统安全性、减少类似事故再次发生具有重要意义。

事故责任追究应遵循客观公正的原则，组织专业团队对事故进行全面调查，查明事故原因、经过和损失情况。通过现场勘查、技术分析、人员访谈等方式收集证据材料。根据事故调查结果和相关法律法规规定，客观公正地认定相关责任人的责任程度。明确责任主体、责任范围和责任性质等要素。对认定的责任人采取相应的处理措施，如行政处分、经济处罚、法律追究等。同时，加强宣传教育力度，提高全员安全意识和责任意识。

针对事故原因和暴露出的问题制定改进措施是防止类似事故再次发生的关键。不仅要从表面现象入手，更要深入挖掘事故的根本原因，包括技术缺陷、管理漏洞、人为因素等。通过事故树分析、鱼骨图等方法，全面梳理事故发生的所有可能因素，并确定主要原因和次要原因。根据事故原因，制定针对性强、操作性强的改进措施。这些措施应具体到每个环节、每个岗位，明确责任人、完成时间和预期效果。例如，如果是设备老化导致的事故，应制定设备更新换代的计划；如果是操作不规范引发的事故，应加强员工培训，提高操作技能和安全意识。建立健全安全管理制度，明确各级安全管理职责，加强安全监督和检查力度。实施安全风险评估和隐患排查治理机制，及时发现并消除潜在的安全隐患。同时，加强对安全工作的考核和奖惩，激励员工积极参与安全管理。推动配电网技术的创新和应用，提高系统的自动化、智能化水平。引入先进的监测、控制和保护技术，提高系统的可靠性和稳定性。利用大数据、云计算等现代信息技术手段，对配电网的运行状态进行实时监测和分析，及时发现并处理异常情况。

参考文献

［1］ 王珂.GIS 技术在配电网数字化管理中的应用分析［J］.通信电源技术,2023,40（18）:43–45.

［2］ 余涛,王梓耀,孙立明,等.支撑新型配电网数字化规划的图形—模型—数据融合关键技术［J］.电力系统自动化,2024,48（6）:139–153.

［3］ 杨晨,汪佳,钟月萍,等.新型电力系统背景下配电网数字化技术应用及发展［J］.农村电气化,2024（4）:17–20.

［4］ 李鹏,习伟,于浩,等.基于边缘计算的配电网数字化转型关键问题分析与展望［J］.电力系统自动化,2024,48（6）:29–41.

［5］ 唐常林,赵元伟,代启虎,等.基于末端物联感知技术的配电网数字化建设［J］.城镇建设,2023（18）:205–207.

［6］ 花寅,王智琦,李沛,等.浅谈面向新型电力系统的有源配电网数字化规划工作［J］.数字化用户,2023（38）:173–174.

［7］ 贺洲强,李应时,王乃宁,等.考虑多源数据交互的配电网数字化"两票"研究与应用［J］.电气应用,2021,40（8）:56–60.

［8］ 韩青.新型电力系统下的配电网数字化转型研究［J］.工程技术研究,2022,4（12）:136–138.

［9］ 范春丰,姚荣华.配电网数字化智能运维技术应用研究［J］.中文信息,2023（11）:51–52.

［10］ 崔伟,王强,张健.配电网数字化智能运维技术应用研究［J］.数字化用户,2023（42）:179–180.

［11］ 贾祥东,刘金勇.配电网数字化智能运维技术应用研究［J］.文渊（高中版）,2022（9）:187–189.

［12］ 吴斌.数智配网精益高能——湖北武汉供电公司全面推动配电网数

字化转型发展［J］.国家电网,2023（5）:66–67.

［13］陶毅刚,谭靖,黎敏,等.数字化技术在配电网供电所中的应用研究

［J］.电力系统装备,2023（6）:13–15.